Otto Betz

In geheimnisvoller Ordnung

Urformen und Symbole
des Lebens

Mit Bildern
von Ernst Steiner

Kösel

Die Drucklegung dieses Werkes wurde dankenswerterweise unterstützt
durch das Bundesministerium für Unterricht und Kunst der Republik Österreich, Wien,
die Stadt Winterthur, Schweiz,
die Schweizer Kulturstiftung »Pro Helvetia«,
die Cassinelli-Vogel-Stiftung, Zürich.

ISBN 3-466-36360-8

© 1992 by Kösel-Verlag GmbH & Co., München
Printed in Germany. Alle Rechte vorbehalten
Druck und Bindung: Kösel, Kempten
Umschlag: Elisabeth Petersen, Glonn
Umschlagmotiv: Ernst Steiner, Das Halbe und das Ganze,
Farbradierung (1980)

1 2 3 4 5 · 96 95 94 93 92

Inhalt

Vorwort

Dieses Buch will ein Bilderbuch und ein Lesebuch sein. Bilder und Texte stehen in einer innigen Beziehung, obwohl sie auch jeweils ihr eigenes Recht haben. Die Bilder laden zum Betrachten ein, zum schauenden Verweilen, zum Assoziieren und zur Wahrnehmung der eigenen inneren Bilder. Die Texte wollen die Bilder nicht »auslegen« und interpretieren, sie bereiten sie eher vor, umspielen sie, weisen auf Zusammenhänge hin. Und weil die Bilder des Malers und Graphikers *Ernst Steiner* eine Fülle von Symbolen enthalten, von archetypischen Grundfiguren, deshalb wird der Versuch gemacht, kultur-historische, religionsgeschichtliche und symbolkundliche Aspekte einzubeziehen.

Viele der Texte haben eine Dialogform: Der Leser und die Leserin werden in ein Gespräch hineingenommen, sie sind eingeladen, einen Weg mitzugehen, die Fragen als eigene Fragen zu empfinden und die angedeuteten Antworten als Angebot zu erwägen. Andere Texte haben einen meditativen Charakter und regen zum Innehalten an. Schließlich finden sich sogar noch einige Märchen, die manche Motive der Bilder und Texte aufgreifen und narrativ weiterspinnen.

In gewisser Weise hat dieses Buch den Anspruch, eine »Schule des Sehens« zu sein. Wer mit den Bildern und Texten umgeht, soll nicht gegängelt werden, vielmehr werden alle angeregt, selbst auf Entdeckungsreisen zu gehen und schauendere Augen zu bekommen.

Rainer Maria Rilke hat in den Sonetten an Orpheus folgende Verse geschrieben:

»Aber noch ist uns das Dasein verzaubert; an hundert Stellen ist es noch Ursprung. Ein Spielen von reinen Kräften, die keiner berührt, der nicht kniet und bewundert.«

Diese Fähigkeit wünschen wir unseren Leserinnen und Lesern.

Ernst Steiner
Otto Betz

Einführung

Wanderungen in der Bilderwelt

Da von allen Seiten Bilder auf uns eindringen, vor allem Bilder der Werbung, sind wir allmählich gegenüber Bildeindrücken abgestumpft. Wir könnten meinen, wir sähen die Vielfalt der täglichen Bilderfülle gar nicht mehr; aber das ist eine Täuschung, Bilder nisten sich trotzdem ein, umgehen unser Bewußtsein und wirken in unserem Unterbewußten. Das »Wegsehen« hilft nicht, genausowenig das »Übersehen«, wir stecken nun einmal mitten in dem Bilderchaos und müssen sehen, wie wir damit zu Rande kommen.

Wie sollen wir aber nun das Schauen lernen, wenn wir von Bildern überschwemmt werden, und das Überangebot der tausendfach reproduzierten Gebilde uns permanent auf den Leib rückt, so daß wir ihnen nicht entkommen können? Es gibt vielleicht nur einen Weg der Lösung: sich auf die inneren Bilder besinnen, ihnen Raum geben, sie entfalten lassen.

Die Außenwelt in ihrer Vielfalt hat eine geheimnisvolle Entsprechung in unserem Innern. Unsere Psyche besitzt einen Bilderschatz von unvergleichlichem Reichtum. Wenn unsere Phantasie in Tätigkeit versetzt ist, bringt sie einen ganzen Kosmos von Gestalten, von Formen und Farben hervor. Die Phantasie, sagt Carl Gustav Jung, »erscheint bald als uranfänglich, bald als letztes und kühnstes Produkt der Zusammenfassung alles Könnens. Die Phantasie erscheint mir daher als der deutlichste Ausdruck der spezifischen psychischen Aktivität. Sie ist vor allem die schöpferische Tätigkeit, aus der die Antworten auf alle beantwortbaren Fragen hervorgehen, sie ist die Mutter aller Möglichkeiten, in der auch, wie alle psychologischen Gegensätze, Innenwelt und Außenwelt lebendig verbunden sind.«[1]

Die Phantasietätigkeit wird hier in einen Zusammenhang gesetzt zu den Fragen, die sich der Mensch stellt. Gerät er in Schwierigkeiten und hat er eine Krise durchzustehen, dann muß er auf schöpferische Weise neue Möglichkeiten erwägen. Die Phantasie macht dabei Angebote und läßt Bilder aufsteigen, die das Noch-nicht-Erschienene vorwegnehmen. Carl Friedrich von Weizsäcker versteht die kreative Funktion der Phantasie nicht nur als das Nachempfinden der Wirklichkeit, sondern als imaginative Kraft. Unter Imagination versteht er »das Schaffen von Bildern und nicht nur das Hervorbringen von Nachbildern von schon Geschaffenem«[2]. Deshalb gehört eine Zukunftsorientierung zu dieser Grundkraft. »Es ist der Versuch eines Entwurfes davon, wie die Zukunft sein könnte.«[3]

Aber wo kommen diese Bildvorstellungen her, worin gründet das Bilderarsenal, das uns offensichtlich mitgegeben wurde? Nicht in der Form ausgeführter Bilder, die nur noch abgerufen werden müßten, sondern in Grundfiguren, als Schattenrisse und Konturen, die erst noch gefüllt und konkretisiert werden sollen? C.G. Jung hat ein plausibles Modell angeboten: Er nimmt eine seelische Tiefendimension im Menschen an, das kollektive Unbewußte, das durch die Wirksamkeit der Archetypen auch das menschliche Bewußtsein beeinflußt. Er kennzeichnet die Archetypen als »vorbewußt vorhandene Strukturdominanten der Psyche« und er versteht sie als »die Niederschläge der vieltausendjährigen Erfahrungen des Anpassungs- und Daseinskampfes«[4]. Weil aber diese Urbilder nicht im Bewußtsein angesiedelt sind, sondern in viel tiefer gelegenen seelischen Regionen, deshalb kommen sie nicht durch intellektuelle Bemühung zum Vorschein, sondern gerade dann, wenn die Ratio ihre dominante Stellung abgibt. »Phantasie ist die Selbsttätigkeit der Seele, die überall da durchbricht, wo die Hemmung durch das Bewußtsein nachläßt oder überhaupt aufhört, wie im Schlaf.«[5] Es muß eine Zwischenzone geben, die das Unbewußte mit unserem Bewußtsein verbindet, wo eine Durchlässigkeit erreicht wird, so daß eine Korrektur dessen möglich wird, was wir in eigener Regie und aus unserem kleinen Horizont persönlicher Erfahrung entscheiden möchten und nicht können.

So schöpferisch die menschliche Phantasie auch ist, sie muß trotzdem immer auf die Grundformen zurückgreifen, die uns in der inneren wie äußeren Natur vorgegeben sind. Und wenn sie auch tausendfach abgewandelt und neu einander zugeordnet werden, so können sie trotzdem immer wieder als elementare Figuren erkannt werden. »Von allen Gestalten ist die runde die einfachste und vollendetste, welche in einem Punkt ruht«, heißt es schon im Timaios des Plato. Die Kreisform wurde immer als ein Symbol des Göttlichen angesehen, und wenn man diese Grundgestalt abbildet, dann ist das eine ordnende und heiligende Prozedur.

Die Alchimisten dachten über die »Quadratur des Kreises« nach, wobei es ihnen ja um die Verwandlung des weniger Edlen ins Edlere ging, letztlich um die Verwandlung der eigenen Person. Im »Rosarium Philosophorum« heißt es: »Mache einen runden Kreis aus Mann und Frau, extrahiere daraus ein Quadrat und aus ihm ein Dreieck. Mach den Kreis rund, und du wirst den Stein der Weisen erhalten.«[6] Die Grundgestalten des Irdischen werden einer Metamorphose unterzogen, um daraus das Vollkommene zu gewinnen.

Die Weltwirklichkeit erscheint uns häufig als chaotisches Gebilde, das Angst erregt, weil es nicht durchschaut und verstanden werden kann. Da gibt es Wachstum und Zerstörung, manches fügt sich zusammen und anderes bleibt verquer. Die Spannungen und Ungereimtheiten gehen auf uns über und unterziehen uns einer Zerreißprobe. C.G. Jung sagt zwar: »Der Mensch bedarf der Schwierigkeiten, sie gehören zu seiner Gesundheit«[7], zunächst aber machen sie uns eher krank. Erst wenn wir Krisen durchlitten haben, zeichnet sich vielleicht eine Lösung ab, wenn sie auch nur für eine zeitlich begrenzte Phase gültig sein mag.

Weil Künstler häufig die Seismographen einer Gesellschaft sind, deshalb sind sie mit einer besonderen Sensibilität ausgestattet, unter der sie zwar meist zu leiden haben, die ihnen aber auch ermöglicht, Andeutungen eines Heilungsprozesses anzugeben. Wir können nur dann die Schöpfungen eines Künstlers nachvollziehen, wenn wir auch etwas von dem Fragevorgang und dem Suchprozeß, den er durchlaufen hat, miterlebt haben.

Und was stellt ein Maler auf seinen Bildern dar? Linien und Kreise, Vierecke, Diagonalen, Parallelen, Dreiecke usw., es mag sein, daß wir Häuser und Gärten darauf entdecken, Flüsse und Städte, Berge und Brücken, Pflanzen und Menschen. Aber er fängt ja nicht nur die geschaute Wirklichkeit ein und verdoppelt sie nun durch sein Bild. Der Maler hat nicht nur nach außen geschaut, er hat auch sein Inneres inspiziert und hat das, was da aufsteigen wollte, in die Formen einfließen lassen, die sich ihm anbieten. Er hat die Möglichkeit, durch die Farben seine Gestalten zu steigern, Akzente und Kontraste in sein Bild zu bringen, es durch seine Zuordnung in einen Kosmos zu verwandeln.

Wir setzen uns den Bildern und ihren Wirkungen aus, denn es ist unbestreitbar: »Bilder haben unvorhersehbare Wirkungen. Alle Bilder, denen wir begegnen, verwandeln uns in irgendeiner Weise. Sie bewegen uns, indem wir sie betrachten, sie verändern unser Bewußtsein, unser Lebensgefühl, unseren Bezug zur Umwelt und zu uns selbst... Ein Bild kann uns öffnen, es kann uns heilen oder uns den Weg zum Heil bereiten; ein Bild kann uns aber auch vergiften.«[8] Es ist also nicht nebensächlich, mit welchen Bildern ich umgehe, welche Bilder in meiner Wohnung hängen, welche Bilder ich als Meditationshilfe heranziehe.

Die Welt, in der wir leben, ist nicht vollkommen, sondern voller dynamischer Spannungen, da gibt es Risse und Abgründe, furchtbare Kämpfe und Untergänge. Auch das Kunstwerk wird diese spannungsgeladene Wirklichkeit einfangen und wiedergeben. Da gibt es den zerstörten Garten und die kriegsverheerte Stadt, das zerborstene Haus und den zerfetzten Leichnam, den ausgestoßenen und unbehausten Menschen, das traurige und verlassene Kind, den hungernden Bettler. Wer kann es einem Künstler verdenken, solche Themen zu behandeln. Und uns tut es gut, auch solche Bilder einer unheilen Welt zuzulassen und davor nicht die Augen zu verschließen.

Aber das ist ja nicht die ganze Wirklichkeit. Es ist auch nicht das letzte Ziel eines Künstlers. Schließlich findet sich in unserer Welt auch verwirklichte Gestalt, geglückte Form, sinnvolle Ordnung. Und gerade deshalb, weil wir in unserem eigenen Innern, im seelischen Haushalt unserer Person, oft noch kein Gleichgewicht gefunden haben und auf der Suche nach der eigentlichen Mitte sind, brauchen wir Bilder, die uns einen Schritt voraus sind und gleichsam einen kühnen Vorentwurf möglicher Gestaltwerdung darstellen: »Geprägte Form, die lebend sich entwickelt«, wie das Goethe ausgedrückt hat.

Der Fragmentierung des Daseins müssen also Bilder entgegengestellt werden, die *das Ganze* wenigstens ahnen lassen. Und weil die Ganzheit nicht dargestellt werden kann, muß sie wenigstens im Symbol beschworen werden: im Paradiesgarten, im Bild von Mutter und Kind, in der Darstellung eines Hauses, einer Burg auf dem Berge; das sich begegnende Paar kann ebenfalls ein Hinweis auf glückendes Leben sein wie der Freundeskreis, der sich um einen Tisch versammelt. Der wohlgestaltete menschliche Leib macht uns ebenso die differenzierte Ganzheit anschaulich, wie ein Baum, der uns Kunde gibt von der gültigen und vollen Gestalt des Daseins. »Wachsen heißt: der Weite des Himmels sich öffnen und zugleich in das Dunkel der Erde wurzeln..., bereit dem Anspruch des höchsten Himmels und aufgehoben im Schutz der tragenden Erde«, so hat es Martin Heidegger formuliert.

Wir brauchen dringend solche Ganzheitssymbole, damit wir nicht von Resignation und einem Gefühl der Vergeblichkeit und Sinnlosigkeit überwältigt werden. Und solche Zeichen sind in der ganzen Welt verbreitet: das Kreuz, das Kreuz im Kreis, das Mandala, das Rad, die mauerbewehrte Stadt, die vollkommene Kugel. Es müssen nicht alle Bilder Mandalacharakter haben, aber gerade solche Bilder haben eine erstaunliche Wirkung, weil sie auf den Mittelpunkt hinführen. Und in diesem Zentrum ist eine Rose oder die Sonne oder ein Stern, auch ein Menschenpaar kann dort sein oder ein neugeborenes Kind (als der Hoffnungsträger) oder ein gleicharmiges Kreuz.

Willi Graf, ein Student aus dem Freundeskreis der »Weißen Rose« in München, schrieb

---

am 17.2.1943 in seinem letzten Brief vor der Verhaftung (und der bald darauffolgenden Verurteilung und Hinrichtung), daß er sich darum mühen wolle, »von der geistigen Welt vollkommen durchdrungen zu werden. Ich versuche es jedenfalls, mögen die kommenden Tage auch noch so ungewiß vor mir liegen. Allmählich spürt man dann auch, daß solche Mosaikarbeit ein Ornament ergibt, es zeigen sich Linien und Ordnungen, und so leicht verliert man die Orientierung dann nicht mehr, die Pole bleiben stehen und festigen sich, wenn auch die Unruhe noch so groß wird.«[9] In einem wunderbaren Bild vom allmählich deutlich erkennbar werdenden Mosaik macht Willi Graf den Prozeß der inneren Klärung anschaulich: Um die Spannungspole kristallisiert sich eine verläßliche Ordnung, die auch dann noch haltbar ist, wenn man selbst die Phase der Unruhe noch nicht durchgestanden hat.

In einer zusammenhanglosen Welt können wir nicht leben, die uns nur als chaotisches Gebilde erscheint. Wie aber kann das Dasein gedeutet werden, ohne daß man auf wissenschaftliche Systeme zurückgreift? Die Sprache der Symbole scheint mehr Schlüssel für die Wirklichkeit bereitzustellen als alle rationalen Erklärungen. Karl Rahner hat einmal auf die Kraft der Urworte hingewiesen, die über sich hinausweisen und auf andere Ebenen hin transparent werden. »Wenn man ihren Umkreis abschreiten will, verliert man sich immer ins Unendliche… In den Urworten ist Geist und Fleisch, das Gemeinte und sein Symbol, Begriff und Wort, Sache und Bild noch ursprünglich, morgendlich eins.« Und dann zählt er eine Reihe von Bildworten auf, die seiner Einschätzung nach Urworte sind, alle aus der Alltagswelt genommen, sie aber überschreitend, weil es »Worte der unendlichen Grenzüberschreitung« sind. »Blüte, Nacht, Stern und Tag, Wurzel und Quelle, Wind und Lachen, Rose, Blut und Erde, Knabe, Rauch, Wort, Kuß, Blitz, Atem, Stille: Solche und tausend andere Worte der ursprünglichen Denker und Dichter sind Urworte. Sie sind tiefer und wahrer als die abgewetzten Wortmünzen des geistigen Alltagshandels, die man oft und gern ›klare Begriffe‹ nennt… In jedem Urwort ist ein Stück Wirklichkeit gemeint, in dem uns geheimnisvoll ein Tor aufgetan wird in die unergründliche Tiefe der wahren Wirklichkeit überhaupt.«[10]

Wie können wir wieder sehen lernen? Die verschütteten und verachteten Bilderquellen müssen wieder zum Fließen kommen. Wir sind auf die Anschauung angewiesen, schauend nehmen wir wahr, die Vielfalt der Dinge wird »zusammengeschaut« und ein-sehend verstanden. Wer geschaut hat, kann auch Worte finden, um das Wahrgenommene zu ordnen und auszusprechen.

Bilder können verdichtete Erfahrungen sein, sie bieten uns ein ganzes Bündel von

Bedeutungen an. Und wenn ein Bild eine Tiefendimension hat, dann kann es uns sehend machen, weil wir Schicht um Schicht durchdringen und von der offenbaren zur verborgenen Gestalt vordringen können. Wir sehen Abbilder, aber es mag hinter ihnen das Urbild durchschimmern. Eine unsichtbare Wirklichkeit bildet sich im Sichtbaren ab.

Weil wir aber von dunklen Bildern überflutet werden können und weil auch die von außen aufgenommenen Bilder eine Verführungsmacht haben, ist es wichtig, sich nicht in geistige Verwirrung treiben zu lassen, sondern sich um eine heilsame Gerichtetheit zu mühen, um eine ordnende Mitte. Marie Luise Kaschnitz hat in einem Gedicht dafür eine visionäre Formel gefunden:

>>Geordnet in geheimnisvolle Ordnung.
Vorweggenommen in ein Haus aus Licht.<<

Dieser versammelnden Kraft symbolträchtiger Bilder dürfen wir uns anvertrauen, wir können zu unserem >>Ort<< kommen und die Angst vor der Verwirrung und Auflösung überwinden. Um ein heilskräftiges Bild kristallisiert sich gleichsam eine Zone des Gleichgewichts und der Ruhe.

Die Bilder dieses Buches

Wenn ich die Kunst Ernst Steiners mit einem einzigen Kennzeichen zu versehen hätte, dann würde ich ihm eine Vorliebe für den *Grenzbereich* zuschreiben, für das geheimnisvolle >>Zwischen<<, die Grenzregion

zwischen Nacht und Tag,
zwischen Schlaf und Erwachen,
zwischen Enge und Weite,
zwischen Wüstenei und Paradies,
zwischen Himmel und Erde,
zwischen Leben und Tod.

Ist nicht gerade dieser Grenzbereich der Ort, der einem Künstler gemäß ist? Er gehört unserer Welt an, lebt unter uns, nimmt teil an all dem, was unseren Alltag bestimmt – und gleichzeitig langt er aus und wagt sich in unbekannte Regionen, schaut Räume, die uns unzugänglich sind. Betrachten wir Steiners Bilder, dann sind uns alle einzelnen Elemente vertraut, z.B. der Baum und die Quelle, der Mond und der Weg auf den Berg, aber die geheimnisvolle Zuordnung entzieht uns das Gewohnte und macht daraus eine Vision des Kommenden. Wir werden auf eine Expedition ins Noch-nicht-Erschienene eingeladen. Eine neue Flora entsteht, phantastisch und bizarr, selbst die Brunnen haben eine vegetative Struktur, orchideenhaft wachsen sie auf und ihre großen Tautropfen entpuppen sich als leuchtende Edelsteine. Alles ist nahe der Realität und alles ist in traumhaften Sphären angesiedelt.

In der neueren Musik war man lange allergisch gegenüber der Harmonie, dem Wohlklang, und bevorzugte Dissonanzen. Die Maler hatten eine Scheu vor der strengen Symmetrie, fürchteten sie als Fluchtverhalten, als Rückzug in eine idyllische Weltsicht. Unsere Welterfahrung ist ja auch alles andere als eine harmonische und symmetrische. Wenn es aber die Aufgabe eines Künstlers ist, sich dem Chaos zu stellen und den Versuch zu machen, die widerstrebenden Elemente des Vorgefundenen in eine Ordnung zu bringen, dann ist die Hoffnung berechtigt, im Kunstwerk etwas von einer geahnten harmonischen Struktur zu finden.

Vielleicht gibt es gegenwärtig nicht allzuviele Künstler, bei denen man so anschaulich beobachten kann, wie ein strenger Formwille auf eine Ordnung zustrebt, wie bei Ernst Steiner. Dabei ist das Grundgefühl dieses Malers keineswegs von einer naiven Freude an der Welt, wie sie ist, bestimmt. Da herrscht eher das Leiden an der zerrissenen und zerstückten Wirklichkeit vor. Er nimmt die Störungen und Gefährdungen unserer Welt wahr, möchte sich aber nicht mit den Verwundungen abfinden, die wir tagtäglich erleiden, sondern sucht nach Koordinaten, die in die Wirrnis einer chaotischen Welt Sinnstrukturen einbringen.

Wer Augen hat zu sehen, wird beobachten können, daß es Ernst Steiner nicht um eine Flucht in irrationale Traumländer geht. In seinen Bildern wohnen ja auch Trauer und Schmerz, aber er bleibt nicht bei einem selbstgenügsamen melancholischen Gefühl stehen, um den Weltschmerz elegisch zu feiern, sondern müht sich ab, um Konturen eines Ordnungsgebildes aufzuspüren, so daß unsere gegensätzliche Welt mit ihren Spannungen und Ungereimtheiten darin Platz haben kann: wir können uns nicht für das Licht oder für die Dunkelheit entscheiden, sondern müssen mit dem Hellen und dem Finsteren leben, es gibt nicht nur Begegnung, sondern auch Trennung, wir suchen nach dem Leben und stoßen auf den Tod. Die Elemente, aus denen die Welt gebaut ist und die auch unserem Menschsein zugrunde liegen, sind gegensätzlich. Es kommt darauf an, Zeichen des Ausgleichs zu finden, der balancierten Spannung, des fruchtbaren Gleichgewichts. Ernst Steiner bemüht sich, die verborgene Einheit der Zerstückelten zu finden, den verbindenden und nährenden Grund, der allem als Wurzelbereich dient.

Franz Marc hat in seinem letzten Skizzenbuch im ersten Weltkrieg ein Blatt gezeichnet, dem er den Titel »Material für eine neue Schöpfung« gab. Mitten in der Katastrophe der sinnlosen Materialschlachten vor Verdun suchte er – im Schützengraben liegend – nach den Konturen einer künftigen Welt, war er bemüht um die Wiedergeburt eines lebenswürdigen Daseins. – Man könnte auch die künstlerische Arbeit Ernst Steiners als ein Aufspüren von Grundelementen der Schöpfung verstehen, damit sich Perspektiven ergeben, die in die Zukunft weisen. Wo sind die Basisfragmente unserer gestörten Schöpfung zu finden, damit ein Neubau möglich wird?

Einem schrankenlosen Subjektivismus und einem privaten Geniekult hat Ernst Steiner nie gehuldigt. Seine Erfindungsgabe beruht darauf, die geheimen Bilder, die in ihm angelegt sind und die – in lichten Stunden – nach oben drängen, aufzugreifen und ihnen künstlerische Gestalt zu geben. Im Grunde sind es die einfachen Zeichen, die dem Leben Ausdruck verleihen, aber diese Zeichen dürfen nicht zu leeren Formeln werden, sondern müssen mit Kraft gefüllt sein. Mit den wenigen Lauten, den Vokalen und Konsonanten, können wir durch das Wunder der Sprache allen Gedanken und Erfahrungen Ausdruck verleihen. So muß auch der Maler und Grafiker mit dem überschaubaren Arsenal der Formen und Farben die ganze Vielfalt seiner Welt gestalten.

In einer Rede hat Günter Eich einmal seine Dichtung als einen schwierigen Übersetzungsversuch gekennzeichnet, bei dem die Schwierigkeit darin bestünde, daß der Urtext verloren gegangen sei. Es komme nun alles darauf an, nach innen zu horchen, ob das geheimnisvolle »Wort vor den Worten« aufgefangen und in menschliche Sprache umgesetzt werden könne. »Ich befinde mich in der Lage eines Kindes, das Baum, Mond, Berg sagt und sich so orientiert.« In dieser Lage ist auch Ernst Steiner, er horcht und lauscht in sich hinein und versucht etwas von den Urbildern Gestalt werden zu lassen. So kann die Welt neu geordnet werden, es entstehen Orte der Hoffnung, Oasen überquellender Fruchtbarkeit, in den Gärten sind die Wunder noch zu Hause und der Lebensbaum des Paradieses hat dort überdauert. Und selbst die Jakobsleiter, auf der die Engel hinauf zum Himmel und herunter zur Erde steigen können, findet sich noch.

Viele Bilder sind im Laufe der letzten Jahrzehnte entstanden, Ölbilder und Aquarelle, Gouachen, Radierungen, die Entwürfe für Gobelins usw. Die Bilder haben einen seltsamen Doppeleffekt: einerseits sind es niegesehene Welten, Landschaften mit einer unendlichen Weite, phantastische Gebirge mit ihren Stufenpyramiden und schwindelerregenden Felsgebilden. Andererseits sind sie uns doch auch wieder vertraut, als hätten wir auf unseren Traumwanderungen schon immer solche Landschaften besucht. Bei manchen Bildern fallen mir Verse von Friedrich Hölderlin ein:

> »Tal und Ströme sind
> Weitoffen um prophetische Berge,
> Daß schauen mag bis in den Orient
> Der Mann und ihn von dort der Wandlungen viele bewegen«[1].

Zu den Grenzbereichen, die Ernst Steiner immer angezogen haben, gehört die Nacht und gehört der Tod. Tore müssen durchschritten werden, Zugänge tun sich auf, Brücken laden ein: der »andere Bereich« ist nicht weltenfern angesiedelt, sondern öffnet seine Tore in nächster Nähe. Zu den Friedhöfen führen alle Wege des Menschen, sie erinnern uns behutsam an unsere Sterblichkeit. Bei Paul Valéry habe ich gelesen: »Der Tod dauert das ganze Leben, aller Vermutung nach hört er auf, sobald er eintritt.« Auf Steiners Bildern sind die Friedhöfe wirklich Orte der Ruhe, ein Regenbogen steht als tröstlicher Botschafter über ihnen, die sich einander zuneigenden Zypressen wirken wie ein vertrautes Paar, das sich gefunden hat und – Philémon und Baucis gleich – im Frieden verharrt. Und selbst der drohende Totenkopf auf manchen Bildern wird noch zum Tor in die andere Sphäre.

Ein Urzeichen spielt im Werk Ernst Steiners eine besondere Rolle: das Kreuz. Es taucht als Kreuzbaum auf, als Herzkreuz, Rosenkreuz oder Weltkreuz, manchmal ist das Kreuz ornamental verziert, manchmal erscheint es als Rankenwerk, dann wieder als stilisierter Baum. – In unserer Vorstellung hat sich die Sehweise des Kreuzes unzulässig verengt, als wäre es in erster Linie ein Todeszeichen, ein Symbol für den Untergang im Leid des Opfers. Aber es hat auch eine andere Seite, ist ein tröstliches Zeichen, weil es die verschiedenen Dimensionen der Welt zusammenführt und auf eine Mitte hinordnet. So gesehen, ist das Kreuz ein Lebenszeichen, innig mit dem Lebensbaum verknüpft, ein Signum mit versammelnder Kraft, bei dem der unruhige und gehetzte Mensch der Gegenwart zur Ruhe kommen kann. Übrigens sind die Kreuzstruktur und die Mandalagestalt vielen Steinerschen Bildern anzumerken; eine durchgehaltene Konstante in seinem Werk, die – bei aller Variabilität – immer wieder sichtbar wird.

Die Bilder Ernst Steiners lassen dem Betrachter Raum, er bekommt kein Interpretationsmuster aufgezwungen, sondern wird eingeladen, sich schauend ins Bild zu begeben und seine verschiedenen Ebenen geruhsam zu durchwandern. Weil die Bilder aus der Meditation kommen (wer ahnt schon, wieviele Stunden der Maler vor der Staffelei gestanden und gekniet hat, um die Farben aufzutragen), deshalb sollten sie auch in einer meditativen Haltung aufgenommen werden. Natürlich kann man mit den Augen des Kunsthistorikers herangehen, kann Einflüsse und Verwandtschaften entdecken, kann Entwicklungen und formale Veränderungen konstatieren, aber wichtiger ist, diese Bilder als die Manifestationen einer inneren Wirklichkeit anzunehmen, als die imaginative Beschwörung der seelischen Welt. Auf diese Weise begegnen wir nicht nur einem Maler, sondern machen »Spiegelerfahrungen«, weil diese Bilder auch in uns selbst Bilder heraufrufen, denen wir Raum geben sollen. Weil wir oft unerlöste innere Bilder mit uns herumtragen, können solche Kunstwerke diese erwecken und sie in unser geistiges Leben integrieren.

Vergessen wir es nicht: ein Maler gibt viel von sich her, wenn er Bilder malt, ungeschützt steht er in seinen Werken vor uns, unseren neugierigen Blicken und unseren Urteilen preisgegeben. Gehen wir behutsam an diese Bilder heran, begreifen wir sie als Angebote, unser Leben besser verstehen zu lernen. Diese Bilder haben auch eine eigene religiöse Botschaft, die sie aber nicht marktschreierisch und propagandistisch hinausposaunen. Wer Augen hat zu schauen, der ist zum Schauen eingeladen.

Ernst Steiner wurde am 1. Juni 1935 in Winterthur in der Schweiz geboren. Er studierte an der Kunstgewerbeschule in Zürich bei Franz Fischer und übersiedelte 1955 nach Wien, um an der Hochschule für Angewandte Kunst bei den Professoren Herbert und Bäumer seine Studien fortzusetzen. In der Akademie der Bildenden Kunst war er in der Meisterklasse von Sergius Pauser, Albert Paris Gütersloh vermittelte ihm wesentliche Anregungen, so daß er formale Elemente der Wiener Schule des Phantastischen Realismus übernahm, ohne sich der Gruppe näher anzuschließen. – Studienreisen nach Assisi und Paris, nach England und Belgien erweiterten seinen Horizont, längere Aufenthalte in Skandinavien und Kleinasien vermittelten ihm nachhaltige Eindrücke von Landschaften und Kulturen. Ernst Steiner hat seine Bilder in zahlreichen Ausstellungen in vielen Ländern präsentieren können, er lebt gegenwärtig in Wien.

Zutritt durch die Pforte

Wir gehen wahrscheinlich jeden Tag dutzendmal durch Türen, treten in fremde Häuser ein, durchschreiten ein prächtiges Portal, zwängen uns durch ein enges Gartentürchen, bewundern den Figurenschmuck eines gotischen Trichterportals, bekommen Zutritt in vertraute oder nicht vertraute Räume – und am Abend freuen wir uns, wenn wir die Tür unseres eigenen Zimmers schließen und bei uns selbst sein können. Weil dies so häufig geschieht und alltäglich geworden ist, denken wir nicht weiter über den Vorgang nach. Das Überschreiten einer Schwelle wird kaum mehr zum Anlaß, darüber nachzudenken, was da eigentlich geschieht.

Immerhin stoßen wir häufig auf verschlossene Tore oder wir werden an der Tür abgewiesen, es öffnet sich nur ein Spalt, eine Kette verriegelt die Öffnung, so daß wir draußen bleiben müssen. Die Angst vor Dieben und Einbrechern führt dazu, die Sicherungsvorkehrungen zu verstärken: Schwere Riegel sperren den Zutritt, komplizierte Schlüssel und Alarmanlagen sollen dafür sorgen, daß kein Unbefugter eintreten kann. All das macht schon deutlich, daß auch uns die Tür noch ein wichtiger Teil unseres Hauses und unserer Wohnung ist.

Die mittelalterlichen Städte waren ja durch die Stadtmauer geschützt, und die Tortürme waren regelrechte Befestigungsanlagen, manchmal noch zusätzlich mit Wall und Graben und einer Zugbrücke versehen. Da hat das Tor eine unübersehbare praktische Funktion gehabt: Gegen den Zudringling und den angreifenden Feind mußte man sich schützen, nur erwünschte Gäste wurden eingelassen. In unseren Tagen fallen zwar viele Grenzsperren fort, aber der Ansturm von Flüchtlingen und Asylsuchenden hat die Landesgrenzen plötzlich auch wieder zu Toren gemacht, die belagert werden.

Wer in früheren Zeiten die Stadttore beherrschte, der beherrschte die Stadt. Der Platz am Tor war dazu ein Versammlungsort, wo Recht gesprochen wurde und wo man Proklamationen abgab. Im biblischen Buch der Sprüche heißt es einmal:

»Bei der Stadtburg, auf den Straßen,
an der Kreuzung der Wege steht die Weisheit,
neben den Toren, wo die Stadt beginnt,
am Zugang zu den Häusern ruft sie laut:
Euch, ihr Leute, lade ich ein,
meine Stimme ergeht an alle Menschen.«

Sprüche 8,2-4

Die Weisheit lädt dazu ein, das »Haus der Weisheit« zu betreten. Oft genug hat aber ein Pförtner die Aufgabe, unerwünschte Gäste abzuwehren: Er hat die Schlüsselgewalt, kann öffnen und schließen, kann den Zutritt verweigern und ihn ermöglichen. Aber selbst die einladenden Räume, wo Gäste gern gesehen sind, haben einen Pfortenschutz. Viele alte Kirchen haben gefährlich aussehende Wächterfiguren am Portal stehen: Da sperren Löwen das Maul auf, mythische Wesen, Greifen und Drachen machen deutlich, daß es nicht ungefährlich ist, die Schwelle zu überschreiten.

Etwas Ähnliches kann man auch bei vielen ost- und südasiatischen Tempeln beobachten: Grausige Dämonenwesen jagen einem geradezu Angst ein. Wie kommen solche Gestalten mit ihren schrecklichen Grimassen ausgerechnet vor die Tempel und Kirchen?

Zunächst einmal sollen sie die bösen Mächte vertreiben: Teuflische Wesen haben zum heiligen Bezirk keinen Zutritt. Man verscheucht sie auf »homöopathische« Weise: Gleiche werden durch Gleiche weggejagt. Dem Übelbringer wird sein eigenes Bild entgegengehalten, so weicht er dem vermeintlichen Doppelgänger aus oder wird jedenfalls abgeschreckt. – Aber auch der fromme Besucher des Tempels oder der Kirche soll sich darüber klar werden, ob er innerlich vorbereitet ist, die Schwelle zum Heiligtum zu überschreiten und die Zone des göttlichen Geheimnisses zu betreten.

Die Portale unserer Kirchen kennen aber auch ganz andere Figuren: Romanische und gotische Sakralbauten zeigen den thronenden Christus, manchmal in einer Mandorla, oft ist es der Pantokrator, der zum Endgericht wiederkommende Herr. Das kann ich mir ganz gut deuten, denn im Johannesevangelium heißt es ja: »Ich bin die Tür: wer durch mich hineingeht, wird gerettet werden« (Johannes 10,9). – Über anderen Pforten ist eine Abbildung der Verkündigung an Maria zu sehen, in welchem Zusammenhang zur Tür steht diese Geschichte?

Man könnte diese Szene eine wirkliche »Pfortengeschichte« nennen, Maria wird als die Pforte verstanden, durch die Gott zu den Menschen kommen will. Und nun folgert man, daß Maria auch uns einen Zugang zu Gott öffnet. Deshalb wird sie ja auch »Himmelsschlüssel« genannt. In manchen Kirchen ist Petrus der Torwächter, da er ja als Schlüsselträger verehrt wird. Und Michael zückt sein Schwert, um die Kirche vor dem Ansturm der Dämonen zu bewahren. Die Westseite einer Kirche ist dem Abend zugekehrt, von dort vermutete man das Herankommen dämonischer Mächte, deshalb wurde hier auch das »Westwerk« mit mächtigen Türmen errichtet. Und weil an dieser Stelle gewöhnlich die Portale liegen, mußten sie durch starke Schutzpatrone gesichert werden.

Die Antike kannte einen eigenen »Türgott«: Janus mit den beiden Gesichtern. Er kann nach vorwärts und nach rückwärts schauen, verbindet also die Vergangenheit mit der Zukunft. Vermutlich soll er ja auch die Schwelle schützen und den Übergang von einem Bereich in den anderen, von einer Ära in die andere.

Die Übergänge sind den Menschen immer bedeutsam erschienen. Deshalb mußte in einem Tempel das Allerheiligste besonders gehütet werden: Heilige Pforten, oft prachtvoll ausgeschmückt, sollten in einer feierlichen Zeremonie durchschritten werden. Auch die Kirche verehrt ja in den gottesdienstlichen Gebäuden Abbilder des himmlischen Jerusalem. Wenn in der Bauplastik eines Tores die Gestalten der klugen und törichten Jungfrauen abgebildet sind, dann soll damit ausgedrückt werden: Nur wer wachsam und aufmerksam ist, kann zum Hochzeitsmahl hineingelassen werden. »Als der Bräutigam kam, gingen die Jungfrauen, die bereit waren, mit ihm in den Hochzeitssaal, und die Tür wurde geschlossen« (Matthäus 25,10). Das Portal der Kirche soll also daran erinnern, daß die Tür nicht immer offen steht, sondern eines Tages verschlossen sein könnte. Und wenn der Kirchenbau ein Sinnbild des Reiches Gottes ist, dann soll man eben zur »rechten Zeit« die Chance nutzen. Folgendes Jesuswort hat sicher bei der Symbolisierung des Portals Pate gestanden: »Bemüht euch mit allen Kräften, durch die enge Tür zu gelangen, ich sage euch: viele werden versuchen hineinzukommen, aber es wird ihnen nicht gelingen« (Lukas 13,24).

Mir fällt dazu ein, daß die Griechen einen Gott verehrten, der ihnen helfen sollte, den »rechten Augenblick«, die »günstige Stunde« zu erkennen, es war der Gott Kairós, der als jugendliche Gestalt dargestellt wurde, mit einem Haarschopf auf der Stirn. Wem er begegnete, der mußte ihn »beim Schopf« packen, die einmalige Gelegenheit durfte nicht verpaßt werden. Man kann ihn sich auch gut als einen Pförtner vorstellen, der manchmal die Tür zu einem neuen Dasein öffnet. Wer es nicht bemerkt und die Chance nicht ergreift, ist selbst Schuld an seinem Schicksal.

Dieser Gedanke vom »rechten Augenblick« spielt tatsächlich eine bedeutsame Rolle in der Geschichte der Religionen. Aber auch die Mythen und Märchen berichten häufig von dem Tor, das nur für eine kurze Zeit durchschritten werden kann. Wer zu lange verweilt, kann sogar ums Leben kommen. Im Märchen vom »Wasser des Lebens« (KHM

97) wird der Prinz unterwiesen, wie er zu dem heilenden Lebenswasser kommen kann, das im Hof eines verwünschten Schlosses quillt. Mit einer eisernen Rute muß er an das eiserne Tor des Schlosses schlagen. Und wenn es aufspringt, muß er den Torwächtern, zwei Löwen, Brot in ihre aufgesperrten Rachen werfen. Nun kann er zum Brunnen gehen: »Hol von dem Wasser des Lebens, bevor es zwölf schlägt, sonst schlägt das Tor wieder zu, und du bist eingesperrt.«

Gilt dieser Gedanke, daß man bestimmte Dinge nur zu einer günstigen Zeit erledigen kann, nicht auch für unser ganzes Leben? Entscheidungen lassen sich nicht beliebig hinauszögern, auch Wachstums- und geistige Reifungsschritte sind irgendwann »fällig«. Das Sensorium für den günstigen Zeitpunkt ist vielleicht eine der wichtigsten Gaben, die ein Mensch braucht.

Das fängt ja schon bei der Geburt an. Da ist eine »enge Pforte« zu durchqueren. Wenn sich die Wehen einstellen, muß der Geburtsvorgang durchgestanden werden, auch wenn es schmerzhaft ist und ein Gefühl der Angst herrscht. – Ist es beim Sterben nicht wieder so? Wir müssen durch das dunkle Tor und wissen nicht, was uns erwartet.

Tröstlich ist, daß wir gesagt bekommen, wir sollen selbst in uns das Tor für den wiederkommenden Christus öffnen. Im letzten Buch des Neuen Testaments heißt es: »Ich stehe vor der Tür und klopfe an. Wer meine Stimme hört und die Tür öffnet, bei dem werde ich eintreten, und wir werden Mahl halten, ich mit ihm und er mit mir« (Offenbarung 3,20).

Der Weg

Während wir uns heute nach einem Stückchen Landschaft sehnen, das nicht von zahllosen Straßen und Wegen durchzogen ist, das nicht von einem Schilderwald von Hinweiszeichen und Wegweisern vollgestellt ist, war es für die Menschen früherer Zeiten etwas Bedeutsames, einen sicheren und verläßlichen Weg zu finden: eine Straße, auf der man nicht überfallen wird, einen Weg durch eine Wildnis, auf dem man wirklich zum Ziel kommt, eine Handelsstraße, an deren Verlauf auch Gasthäuser zu finden sind, einen Pilgerweg mit Hospizen – alles keine Selbstverständlichkeiten. Die Chausseen waren voller Schlaglöcher und konnten bei jedem Regenguß in sumpfige und schlammige Pfade verwandelt werden. Ein Bergsteig mußte nicht unbedingt übers Gebirge führen, ein Waldpfad konnte sich als Holzweg herausstellen. – Ist das der Grund, warum man früher das Weg-Symbol so hochgeschätzt hat, während es für uns nicht mehr die gleiche Bedeutung hat?

Das Bildwort vom Weg hat auch heute noch einen hohen Stellenwert. Wir brauchen nur daran zu denken, in wievielen Wortverbindungen dieses Wort steckt. Wir be*weg*en uns, brauchen Be*weg*lichkeit, können auch ver*weg*en sein, geraten in aus*weg*lose Situationen, verlieren Weg und Steg, sind froh, wenn wir etwas »zu*weg*e« bringen und nicht ab*weg*ig werden, suchen in schwierigen Situationen einen Aus*weg*, schließen uns einer Be*weg*ung an und freuen uns, wenn wir nicht nur den Hin*weg*, sondern auch noch den Heim*weg* finden. Dann müßten wir noch die Wortfelder »gehen«, »wandeln«, »suchen« bedenken, denn die Wege sind ja auch Zugänge, Suchbewegungen; wir verwandeln uns, wenn wir wandeln, wandernd finden wir Eingänge und Übergänge. Und wenn wir auch noch die Wortfamilie »fahren« dazunehmen, kommen wir an kein Ende mehr, denn die »Fährte« mag uns ins Abenteuer führen und Gefahren bestehen lassen, aber wir machen dadurch unsere Erfahrungen, werden zum fahrenden Volk, können fahrlässig handeln, es kann uns aber auch Großes widerfahren. – Es sieht ganz so aus, als könnte der Wegcharakter unseres Daseins mit keinem Bildwort besser und treffender gekennzeichnet werden als mit »Weg«. Unser ganzes Leben sind wir auf dem Weg, suchen unseren Pfad, hoffen auf Weggefährten und gehen in der Zuversicht, auch ein Ziel zu finden.

Dann ist es kein Zufall, daß ein erstaunlich großer Teil unserer Literatur von Reisen handelt, von großen Wanderungen, Entdeckungsfahrten, Eroberungen. Das Vagabundieren scheint die Menschen auch zum Niederschreiben ihrer Abenteuer zu veranlassen.

Und wenn wir mit Freunden zusammenkommen und uns gegenseitig die Erlebnisse mitteilen, die wir gemacht haben, erzählen wir ja auch mit Vorliebe von unseren Urlaubsreisen, zeigen die Bilder aus der Fremde, berichten von den Städten und Landschaften, die wir entdeckt haben. Solange wir hinter dem Ofen hocken, scheinen auch die Sinne stumpf zu bleiben, verlassen wir das Gewohnte und öffnet sich uns die Welt, dann gehen uns Augen und Ohren und die übrigen Sinne über.

Bei Christian Morgenstern habe ich gelesen:

>*»Du lebst solange nur, als du entdeckst,*
>*doch sei getrost: unendlich ist der Text.«*

Biographien sind ja Weggeschichten, weil sie die Wege, Umwege, Irrwege, Zielvorstellungen usw. von Menschen nachvollziehbar machen. Die verschiedenen Stationen eines Lebensweges werden noch einmal verfolgt, die Entscheidungssituationen anschaulich gemacht. Uns könnten ja die Lebensläufe anderer Menschen gleichgültig bleiben, wenn wir nicht eine geheime Verwandtschaft mit ihnen verspüren würden, ein plötzliches Wiedererkennen im fremden Schicksal. Oder es erwacht mindestens eine Sehnsucht, an den abenteuerlichen Wegen zu partizipieren, um dadurch »erfahren« zu werden.

Wir sollten eines bedenken: So wichtig die Reisen und Wanderungen für uns sind, die Suche nach gangbaren Wegen und nach lockenden Zielen, letztlich sind das immer Metaphern für unsere geistigen Reifungsvorgänge, für die Entfaltung unserer Persönlichkeit. Wir möchten ja nicht auf *irgendwelche* Wege kommen, sondern zu »unserem Weg«, möchten uns nicht beliebig verpuppen und verwandeln, sondern uns der »wahren Gestalt« annähern. Wenn unser Leben aus einer großen Suchbewegung besteht, dann suchen wir nicht irgend etwas, sondern den Kern des eigenen Wesens.

Nur geht diese Suche nicht ohne Gestaltwandel vor sich, wir durchlaufen Metamorphosen, geraten auf Irrwege und Umwege, die sich aber später als durchaus sinnvoll erweisen, weil sie uns schließlich doch zum Ziel geführt haben.

Sich auf den Weg machen, das heißt immer auch: Abschied nehmen, Liebgewordenes hinter sich lassen, aus einer »Haut« heraus- und in eine neue hineinschlüpfen. Unser Wort »Wagnis« hängt mit Weg zusammen, es gehört also immer ein gewisser Wagemut dazu, sich dem Unbekannten zuzuwenden und eine Zeit der Entbehrung und Verunsicherung zu akzeptieren. Eine Portion

Klugheit und Besonnenheit ist freilich auch vonnöten, damit nicht eine kurzfristige Verwegenheit zum fragwürdigen Spiel mit dem Risiko wird.

Wer sich früher auf eine große Reise machte, der suchte sich eine Reisegesellschaft oder jedenfalls einen Weggefährten. Sehr anschaulich wird im alttestamentlichen Buch Tobit erzählt, daß der alte Vater zu Tobias sagt: »Such jemand, der mit dir auf die Reise geht. Mach dich auf den Weg.« Und als Tobias einen gefunden hat, sagt der zu ihm: »Ich will mit dir reisen, ich kenne den Weg« (Tobit 5,3.6.). – Zur Wanderung gehört nicht nur das Unterwegssein, sondern auch die Rast, die Ruhepause. Wir dürfen irgendwo zu Gast sein und uns erholen, damit wir Kräfte sammeln für den nächsten Abschnitt des Weges. Aber: Der nächste Abschied kommt mit Sicherheit.

Im Mittelalter war ja ganz Europa durchzogen von den Pilgerwegen und Wallfahrtsrouten. Offensichtlich sollten sich die Menschen nicht so schnell mit der Seßhaftigkeit abfinden. Irgendwann mußte man das Pilgergewand anziehen und sich auf den Weg zu einem der großen Heiligtümer machen. Wer nicht nach Jerusalem ziehen konnte, wollte in Rom gewesen sein oder wagte den Weg nach Santiago. Ist eigentlich das Wallfahrtswesen ein Charakteristikum des Christentums?

Das kann man sicher nicht sagen. Im Islam spielt ja die »Haddsch«, die Pilgerfahrt nach Mekka, eine ganz große Rolle. Aber auch im Hinduismus und Buddhismus gibt es die Wallfahrten zu den heiligen Stätten. Die großen Religionsgründer waren zumeist auch große Wanderer, und sie forderten ihre Anhänger dazu auf, ihnen nachzufolgen, also ebenfalls die Wanderschaft auf sich zu nehmen. – Von Jesus wissen wir, daß er in der Zeit seiner öffentlichen Tätigkeit immerzu im Lande unterwegs war. Wenn er gesagt hat: »Die Vögel haben ihre Nester und die Füchse ihre Höhlen, aber der Menschensohn hat nichts, wo er sein Haupt hinlegen kann« (Matthäus 8,20), dann wollte er nicht über sein Schicksal jammern, sondern seine gewählte Lebensform verdeutlichen. Sehr treffend hat Alfons Rosenberg gesagt: »Will man erfahren, was er uns weisen wollte, muß man den festen Standort aufgeben und mit ihm wandern – denn seine Weisheit ist keine ersessene, sondern eine erwanderte.« Auch die Selbstaussage Jesu, daß er »der Weg« sei, hat ja nur einen Sinn, wenn man bereit ist, diesem Weg zu folgen.

Vielleicht gibt es ja eine doppelte Gefahr: Auf der einen Seite kann man seine Wurzeln einbüßen, weil man nirgendwo ein Zuhause hat, wie Spreu im Wind wird man herumgeblasen, ohne daß man weiß, wo man hingehört. Die andere Gefahr besteht in der allzu biederen Seßhaftigkeit, so daß man seine Beweglichkeit verliert und der Gesichtskreis, der geistige Horizont, sich verengt. Das Neue Testament schärft uns ein: »Wir haben hier keine bleibende Stätte« (Hebräer 13,14), aber dafür ist die Schar der Gefährten, der Jüngerkreis, zur neuen Heimat geworden. Gemeinsam muß man die

Wanderung wagen. Schauen wir uns allerdings die Erscheinungsform der Kirche in unseren Tagen an, dann scheint der Gedanke der Verteidigung, der Befestigung des Erreichten und der Absicherung von Rechten deutlich zu überwiegen.

Brauchen wir eine neue Motivation (das Wort kommt von movere – bewegen), um mobiler (von mobilis – beweglich) zu werden? Wer Wege sucht, muß riskieren, auch einmal einen Irrweg einzuschlagen oder einen Umweg in kauf zu nehmen. Nur müssen wir uns immer darüber klar sein, daß die Bewegung kein Selbstzweck ist (es gibt auch den sinnlosen Kreislauf), daß es auch Fluchtbewegungen gibt; der Weg soll uns zu Zielen führen. Und je anziehender das Ziel ist, um so mutiger gehen wir auch einen langen, steinigen Weg.

Die Brücke und der Übergang

Wer in einem gebirgigen Land lebt oder in einer Landschaft mit vielen Flußläufen, der weiß die Brücken zu schätzen, die es uns erlauben, weite Umwege zu ersparen oder Gegenden zu erreichen, die uns durch Abgründe oder reißende Gewässer versperrt wären. Die moderne Technik erlaubt kühne Brückenbauten, die gewaltige Schluchten überwinden; staunenswerte Gebilde entstehen. Aber auch die Antike und das Mittelalter konnten sich mit ihrer Brückenbaukunst sehen lassen. Ich erinnere mich, daß Goethe, als er nach Spoleto kam, die dortige mächtige Brücke für einen Bau des römischen Altertums gehalten hat, den mittelalterlichen Baumeistern, die diese Brücke gebaut hatten, traute er eine solche Konstruktion nicht zu.

Die Kunst des Brückenbaus ist alt und wir kennen noch heute erhaltene Brücken, die seit zweitausend Jahren den Menschen die Möglichkeit geben, den Fluß zu überschreiten. Es ist übrigens immer auch ein gefährliches Unternehmen, weil die statische Berechnung schwierig ist, weil die Flüsse oft unberechenbar sind oder Erdbeben den Untergrund verändern und die Brücke zum Einstürzen bringen können. Deshalb war es lange Zeit üblich, ein Opfer darzubringen, um den Bau einer Brücke gelingen zu lassen. Im alten Rom gab es sogar einen Oberpriester, der als »Pontifex Maximus«, als oberster Brückenbauer, für die Brücken zuständig war. Allerdings meinte man damals schon nicht mehr die profanen Brückenbauten, sondern die Verbindung zwischen Himmel und Erde, zwischen den Göttern und den Menschen.

Dann ist also die Brücke schon früh zum Symbol geworden. Das Überschreiten eines Abgrunds mag die Menschen daran erinnert haben, daß es noch ganz andere Abgründe gibt, für die es keine bequemen Brücken gibt.

Unser Verlangen ist es immer, Verbindungen zu schaffen: Das Getrennte soll nicht unzugänglich bleiben, das Ferne und Entzogene soll möglichst nahrücken und erreichbar werden. Deshalb ist ein Sprachkundiger ein Brückenbauer zwischen den Menschen, wenn er dazu beiträgt, daß sich Leute verschiedener Zunge verständigen können. Und wenn wir einen Text von einer Sprache in die andere »übertragen«, dann »übersetzen« wir, überwinden den Abgrund des Nichtverstehens. Immerzu ist Vermittlung nötig. – Um wieviel mehr ist uns aber der Bereich des Jenseitigen versperrt, zwischen unserem Lebensbereich und dem, was die Märchen und Mythen das »Andersland« nennen, gibt es keine leicht erreichbaren Übergänge. Vor allem von den Toten nahm man an, daß sie eine gefährliche Brücke überschreiten müßten, um in den jenseitigen Bereich zu kommen. So wurde erzählt, die Brücke sei dünn wie ein Haar oder glatt wie ein Schwert. Und wer verdammt war, der stürzte ab und wurde von den Dämonen in Empfang genommen.

Dann ist die Brücke ein recht zweischneidiges Symbol, das einem Angst machen kann.

Aber die Brücke kann eben auch in das Land führen, wo der Tod keine Macht hat, wo Frieden und Glück herrschen. Die Überwindung des Todes war bei den Menschen eine ganz bestimmende Sehnsucht. Dieser Ort, wo keiner mehr sterben muß, war jenseits eines großen Flusses gelegen, so dachte man. Also mußte eine Furt gefunden werden oder ein Fährmann die Überfahrt vornehmen – oder es war da irgendwo eine Brücke, die einen hinüberbrachte. Aber auf jeden Fall war es gefährlich und konnte mißlingen.

Gefährlich können auch schon in unserem Diesseits die Brücken sein. Ich habe Bilder gesehen von Lianenbrücken im Amazonasgebiet und von halsbrecherischen schmalen Stegen im Kongo, da schwindelt es einen, wenn man sie nur betrachtet. Wenn unten noch Krokodile lauern oder gefräßige Piranhas, ist das Bild von den wartenden teuflischen Unholden ganz gut vorstell- und nachvollziehbar.

Vergessen wir darüber nicht die positive Seite des Bildes. Wer die Brücke betritt, geht einen Weg der Erleuchtung und kommt zum Licht. – Übrigens ist das Brückenbild durchaus verwandt mit dem Bild der Treppe und der Leiter. Auch hier geht es um den Übergang von einer Sphäre zu einer anderen. Dann kommt noch etwas dazu: Diese Leiter wird nicht nur vom Menschen betreten, der die diesseitige Welt verlassen will, sie kann auch von den höheren Mächten benutzt werden, die zu uns kommen. In der Genesis wird die wunderbare Geschichte von der »Jakobsleiter« erzählt. Jakob ist auf der Flucht vor seinem Bruder Esau, er ist müde, enttäuscht, verängstigt und entmutigt. In der Nacht hat er einen Traum, er sieht »eine Leiter, die auf der Erde stand und bis zum Himmel reichte. Auf ihr stiegen Engel Gottes auf und nieder« (Genesis 28,12). Und dieser Traum gibt ihm wieder Mut, er weiß, daß er nicht allein und verlassen ist: es gibt eine Verbindung nach oben, er sieht diesen geheimnisvollen Brückenschlag, darf erfahren, daß sich Wesen hinunter und hinauf bewegen.

Das ist wirklich eine sehr tröstliche Geschichte. Aber mir fällt eine Kontrastgeschichte dazu ein: Die rebellischen und hochmütigen Menschen, so berichtet ebenfalls die Genesis, bauen sich einen Turm, der zum Inbegriff der Eigenherrlichkeit werden soll. »Auf, bauen wir uns eine Stadt und einen Turm mit einer Spitze bis zum Himmel, und machen wir uns damit einen Namen« (Genesis 11,4). Wird hier nicht der menschliche Treppenbau in Form eines Turms abgewiesen?

Offenbar will die Bibel deutlich machen, daß der Brückenbau oder Treppenbau nicht in eigener menschlicher Regie gelingen kann, Gott selbst muß kommen, muß den Zugang ermöglichen. – So hat man dann später auch das Kreuz als »sichre Leiter« verstanden und als »starke Brücke«. Gott steigt zu uns herunter, damit uns der Aufstieg möglich wird und gelingen kann.

Vermutlich spielen da aber auch vorchristliche Gedanken und Bildvorstellungen eine Rolle. Die Leiter, die das »Oben« mit dem »Unten« verbindet, erinnert mich an die Weltachse, den kosmischen Baum, der ja dieselbe Funktion hat. Es gibt da eine Verbundenheit, der Himmel ist nicht ganz von der Erde abgeschnitten.

Vermutlich haben wir es mit einem archetypischen Bild zu tun, denn es findet sich bei den unterschiedlichsten Kulturen. Der Himmelsbaum der Schamanen ist – von seiner Bildhaftigkeit her – durchaus mit der Jakobsleiter zu vergleichen. In der Frömmigkeit vieler Religionen sind die Sprossen dieser Leiter die Stufen des allmählich sich differenzierenden Bewußtseins und der Erleuchtung. Und in den Mönchskirchen des Athos fehlt selten das Bild von der Himmelsleiter, auf der die Mönche hinaufsteigen, aber von den Dämonen gezerrt und geschoben werden, damit sie hinunterfallen sollen. – Schon im alten Ägypten war Osiris ein Gott der Treppen, der den Weg zum Himmel weisen konnte.

Ich erinnere mich, daß es ein apokryphes Jesuswort gibt, das nicht in der Bibel, sondern im Islam überliefert worden ist, in dem die Welt selbst eine Brücke genannt wird.

Das Wort lautet:

> »Jesus, über dem Friede sei, hat gesagt:
> ›Die Welt ist eine Brücke.
> Geht über sie hinüber –
> aber laßt euch nicht auf ihr nieder!‹«

Dieser Text findet sich am Hauptportal einer großen Moschee in der nordindischen Ruinenstadt Fathpur Sikri. Es will offenbar sagen, daß wir die Welt nicht als letzte Wirklichkeit ansehen sollen, sondern damit rechnen oder darauf hoffen können, in einen anderen Bereich einzugehen. Übrigens hat schon die Mischna einen vergleichbaren Text, der allerdings nicht das Bild von der Brücke verwendet, sondern Vorzimmer und Speisesaal gegenüberstellt:

»Diese Welt gleicht dem Vorzimmer, vor der künftigen Welt.
Bereite dich im Vorzimmer vor,
damit du Einlaß finden mögest in den Speisesaal!«

Die Intention der beiden Worte ist gleich: Bedenkt die Vorläufigkeit der gegenwärtigen Existenz, wir sind immerzu in einem Übergang begriffen. – Übrigens findet sich in den Aufzeichnungen Simone Weils ein Text, der vielleicht auf das apokryphe Jesuswort Bezug nimmt. Sie schreibt von den Brücken:

»Wir haben geglaubt, sie seien dazu bestimmt, daß man Häuser darauf baue. Wir haben auf ihnen Wolkenkratzer errichtet, denen wir unaufhörlich neue Stockwerke aufsetzen.«

Nun, ernst nehmen sollen wir ja unsere Welt, sie ist es wert, daß wir sie lieben und daß wir unsere Kraft für sie einsetzen. Aber das Wort von der Brücke macht uns nachdenklich. Wir gehen immer weiter, suchen künftige Wege, Übergänge, Brücken. Wohl dem, der uns »goldene Brücken« baut. Und wenn wir hinübergelangt sind, sind wir gerne bereit, »die Brücken hinter uns abzubrechen«.

Der Kreis und das Runde

Daß die Symbole nicht auf eine einzige Deutungslinie festgelegt werden können, sondern »ambivalent« sind, also doppeldeutig, kann man am Symbol des Kreises besonders gut beobachten. Einerseits steht der Kreis für die Ruhe und Geschlossenheit, für das Vollkommene und In-sich-Gefügtsein, andererseits ist er aber auch der Inbegriff der dynamischen Bewegung, eben des »Kreisens«.

Die Aussagekraft der Symbole ist viel spannungsreicher, als man in einer schematischen Betrachtung erfassen kann. Und die Faszination des Kreises hat in der Geschichte des Menschen nie nachgelassen. Vermutlich haben schon die Menschen der Frühzeit staunend die Vollkommenheit der Kreis- und Kugelgestalt wahrgenommen, die sie in der Natur ja vorfanden. Wenn man einen Apfel oder eine Orange in der Hand hat, eine Kirsche, eine Traube oder einen Kürbis, dann kann man geradezu sinnenhaft die Vollkommenheit dieses Gebildes nachvollziehen. Und ein Blick auf die Sonne oder den vollen Mond läßt uns auch diesen Kreis als kosmische Gestalt erkennen; dazu kommt der »Gesichtskreis«, wenn wir in einer großen Ebene die Weite des Horizontes als Kreisbogen beobachten. Bei all diesen großen und kleinen Phänomenen werden wir immer das In-sich-Ruhende und das Bewegte gleichzeitig wahrnehmen können. Die runde Sonne ist – für unsere Augen – selbst in einer Kreisbewegung. Und der runde Apfel rollt weiter, vielleicht wurde aus dieser Beobachtung der erste Ball geformt, der dann wohl auch die Bewegung der Sonnenbahn nachzeichnen sollte.

Auch in der menschlichen Gestalt haben wir ja – im Kopf – einen Körperteil, der in die Nähe einer Kugelgestalt kommt und deshalb eine besondere Wertschätzung erfuhr.

Deshalb hat auch Hildegard von Bingen sagen können: »Das Rund des menschlichen Hirnschädels weist auf die beherrschende Kraft des Menschen hin.« Was rund ist, partizipiert an der vollkommenen Gestalt und muß deshalb auch an der Vollkommenheit teilhaben. Die »Eckigkeit« ist Symptom für das Irdische und Unvollkommene, der Kreis dagegen erscheint als das Erfüllte und Geschlossene, deshalb ist eine Aura der Heiligkeit

Diesseits und jenseits des Wassers

Weil wir dauernd auf Grenzen, Mauern und Barrieren stoßen, müssen wir uns auch immerzu um Zugänge, Übergänge und Brücken bemühen. Jeder Tag beginnt schon mit einem Übergang zu einer neuen Daseinsebene, jedes Jahr setzt den Eintritt in eine neue zeitliche Region voraus. Wenn wir eine weitere Altersphase erreichen, die Kindheit hinter uns lassen und das Jugendalter beginnen, müssen wir den Übergang bewältigen. Und so geht das weiter, immerzu heißt es Abschied nehmen und den Schritt ins Neue wagen. Die alten Kulturen wußten, warum sie bei den großen Einschnitten im Leben der Menschen »Übergangsriten« ausübten, der Abschied sollte mit einem gewissen Nachdruck vollzogen, der Eintritt feierlich eröffnet werden.

Die Gouache von Ernst Steiner führt uns in eine öde Steinwelt. Eine Brücke lädt uns ein, ans andere Ufer zu kommen, aber die kykladischen Sphinxen bewachen den Übergang, wehren sie den Übergang oder geleiten sie den Gast? Wer den Fluß überquert hat, gelangt in ein Land der Pyramiden. Auch sie sind Gebilde des Übergangs, sollen den Pharao aus dem Reich der Materie ins Reich des Geistes überführen. Die verjüngenden Formen weisen nach oben. Ist es der Acheron, der überbrückt wird, der Styx, der Fluß des Vergessens?

Auf dem Bild finden sich aber auch geheimnisvolle Einstiegsluken in die Tiefe, wo führen sie hin? – Und über den Pyramiden öffnet sich der stellare Bereich, ein kalter Mond erhellt alles mit seinem Leuchten. Es ist eine nächtliche Welt, eine Mondwelt, die wir sehen. Wie im Traum tappen wir umher, die untersten Sphären sind ebenso zugänglich wie die obersten. Aber eingeladen sind wir, den Schritt hinüber zu wagen. Es wird keinen Tanz auf der Brücke geben, und doch liegt eine verhaltene Hoffnung über dem Ganzen, die lunaren Himmelsbögen öffnen sich wie Eingangspforten. Wir müssen die düstere Steinwelt durchschreiten, um in den anderen Bereich zu kommen.

um den Kreis, er weist über das Irdische hinaus und steht deshalb auch für die göttliche Vollkommenheit.

Nun gibt es ja nicht nur in der Natur das Runde und die Kreisform, auch der Mensch hat in seinen Werken eine Vorliebe für den Kreis. Ahmt er da die natürlichen Formen nach?

Wenn wir die Rundzelte der Nomaden betrachten, aber auch die Trulli in Apulien oder die Iglus der Eskimo, dann können wir erkennen, daß die runden Bauformen praktisch sind, aber auch – bei aller Zweckmäßigkeit – schön. Vermutlich haben die Menschen immer auch eine symbolische Bedeutung ihrer Bauten gesehen: Das Haus war – ebenso wie die Stadt als Ganzes und der Tempel – ein Modell der Welt. Vor allem die Kuppel ist eine Entsprechung des Himmelsgewölbes. Man will in den Bauten ein Abbild von Himmel und Erde schaffen, deshalb finden sich auch so häufig Kombinationen von Viereck und Kreisform, von Kubus und Kuppel.

Nun gab es auch schon bei alten menschlichen Siedlungen viele in der Kreisform. So haben die Römer ihre Städte wohl ursprünglich als Rundlinge angelegt, von axialen Straßen durchzogen und von vier Toren in den vier Himmelsrichtungen geschützt.

Es ist sicher kein Zufall, daß das lateinische Wort für Stadt (»urbs«) verwandt ist mit dem Wort Kreis und Erdkreis (»orbis«). Die Stadt war ein Abbild der ganzen Welt. Und wenn die Stadt als Ganzes schon durch seine Kreisgestalt heiligen Charakter hat, dann müssen die – oft zentral gelegenen – Tempel und Heiligtümer auch wieder kreisförmig sein. Schon die prähistorischen Kultorte (etwa Stonehenge in England) bilden ein mächtiges Rund; das römische Pantheon, der Felsendom in Jerusalem, die Hagia Sophia in Konstantinopel und viele Kirchen, Tempel und Pagoden sind als runde Zentralbauten angelegt, auch die Peterskirche in Rom ist in ihrer Bauidee – mit der mächtigen Kuppel – ein Rundbau. Die Baptisterien und die Grabkirchen (etwa die Michaelskirche in Fulda) haben ebenfalls diesen Charakter.

Der »runde Tisch« hat aber eine eher profane Bedeutung: Hier kommen Menschen zusammen, die gleichgeordnet sind, wo es also keine deutlich gestufte Hierarchie gibt, sondern eine demokratische Gesinnung herrscht.

So profan ist auch der runde Tisch nicht. Erinnern wir uns, daß auf vielen mittelalterlichen Bildern der Abendmahlstisch rund ist. Jesus wollte seine Jünger nicht Knechte nennen, sondern nannte sie Freunde. So folgerte man, daß auch der Tisch, an dem das Mahl des Neuen Bundes gefeiert wurde, rund gewesen sein müsse. Er ist das Zeichen der Brudergemeinschaft, des Freundeskreises. – Übrigens war im Mittelalter der Inbegriff des Freundschaftsbundes die Tafelrunde des Königs Artus. Der König versammelte sich mit seinen Getreuen, der Ritterrunde, an einem runden Tisch. Dieser Tisch war ganz sicher mehr als nur ein Versammlungsort für die Mahlgemeinschaft, er war ein Symbol des Erdkreises, ja vielleicht des ganzen Kosmos. Und wenn die zwölf Apostel, die sich mit Jesus zusammenfinden, die Repräsentanten der Menschheit sind, die zum Heil gerufen wurden, dann haben auch die Ritter des Königs Artus diese Stellvertreterfunktion, sie stehen für die neue Friedensordnung, die in der Welt anheben soll.

In einem Kreis von Menschen sind zwar alle gleichgeordnet, es gibt kein »oben« und »unten«, aber es gibt einen Mittelpunkt, ein Zentrum. Ist das nicht auch eine Ausrichtung, die strukturbildend wirkt?

Ohne einen Mittelpunkt gibt es keinen Kreis. So könnte man sagen: Auch jede menschliche Gemeinschaft, jeder Freundeskreis, braucht eine tragende Idee, eine Sinnmitte, die den Kreis zusammenhält. Wenn der große verbindende Gedanke ausfällt oder wenn er seine sinnstiftende Funktion einbüßt, bricht die Runde auseinander und die Menschen triften in verschiedene Richtungen, verlieren das Gefühl ihrer Zusammengehörigkeit.

Könnte man nicht sagen, daß es auch eine gewisse Hierarchie gibt, wenn man an »konzentrische Kreise« denkt: Je nachdem wie nah oder fern vom Zentrum der Kreis angesiedelt ist, steht er der »heiligen Mitte« nah oder entfernt?

Das ist ein richtiger Gedanke. Auf vielen mittelalterlichen Bildern der Buchmalerei werden etwa die neun Chöre der Engel als konzentrische Kreise um das Gottesgeheimnis angeordnet. Da stand der Gedanke einer großen hierarchischen Ordnung im Hintergrund. Manche Engel waren der feurigen Liebesmitte Gottes besonders nah, während andere – als Botengänger Gottes – eher an der Peripherie der Kreise angesiedelt waren. – Aber es finden sich auch andere Bilder, man denke an die wunderbaren Kosmostafeln der Hildegard von Bingen, da steht im Mittelpunkt des Bildes der Mensch, und die verschiedenen Sphären umgeben ihn, wirken auf ihn ein, beeinflussen und prägen ihn, der äußerste Kreis ist ein Feuermantel, der aber personhaft dargestellt ist, die göttliche Liebe, die Caritas, umfaßt alles, trägt das Ganze in ihren Händen. Hier ist es also umgekehrt: Im Zentrum steht der Mensch, während die Gotteskraft das Umgreifende ist, das alles behütet und schützend umfängt.

Wenn man allerdings an das Rad denkt, dessen Mittelpunkt die Nabe ist, die Achse, um die sich alles dreht, dann hat doch wohl dieses Zentrum die eigentliche Dominanz: Hier liegt der gewissermaßen ruhende Pol, während alles andere in permanenter Bewegung ist.

Das Rad steht für die kreisende Bewegung, vor allem die Sonnenscheibe wird damit symbolisiert, aber auch die weitergehende Zeit in ihrem unaufhaltsamen Verlauf. Weil bei einem rotierenden Rad ein dauerndes Auf und Ab vor sich geht, deshalb wurde das Rad auch zum Ausdruck des Schicksals. In den mittelalterlichen Bildern sitzt Fortuna in der Mitte des Schicksalsrades und dreht es immer weiter, so daß der eine Mensch sich nach oben bewegt, ein anderer den Höhepunkt seiner Macht erreicht hat, einer gerade seine Herrschaft einbüßt und einer machtlos unten angelangt ist. Diesem Kreislauf kann keiner entkommen, das Rad dreht sich weiter und immer weiter.

Hier liegt wohl auch wieder die Kehrseite des Kreissymbols. Einerseits war ja das Runde Inbegriff des Vollkommenen und Ewigen, aber in der Vorstellung des unausweichlichen Schicksals ist das Kreisen eher Ausdruck des Unausweichlichen und der Vergänglichkeit.

Wenn sich alles immer weiter dreht, ohne daß sich etwas verändert, dann bekommen wir den Eindruck der Vergeblichkeit und der Hoffnungslosigkeit. Alles scheint sich nur zu wiederholen, so daß sich schließlich ein Gefühl der Resignation einstellt. Josef Weinheber hat dem einmal so Ausdruck gegeben:

> »Aber blind sind wir alle. Sehn nicht, wie uns das Höhere Ringelbahn führt
> und es kommt jeder im Kreise vorbei an dem starrenden Antlitz, und jeder
> noch einmal wieder, und mit jedem Mal reift größer, gewisser die Angst.«

Wir dürfen auch nicht vergessen, daß wir zwar von einem Kreis von Menschen getragen und gehalten sein möchten, wenn wir aber »umkreist« sind, uns »eingekreist« fühlen, dann haben wir den Eindruck, beinahe im Gefängnis zu sein, uns wird die Luft der Freiheit genommen und wir möchten aus dem Belagerungsring ausbrechen.

Trotzdem überwiegen sicher die positiven Assoziationen des Kreises, denn es gibt nichts Vollkommeneres und Erfüllteres als das, was »rund und richtig« ist. Kann man eigentlich sagen, daß der Kreis ein weibliches oder ein männliches Symbol ist?

Das ist so schwierig zu beantworten wie die Frage, ob die Sonne (der Sonn) weiblich oder männlich ist. Wenn die Sonne das zeugende Prinzip ist, dann kann man sie als das männliche Gestirn ansehen, aber bekanntlich gibt es auch Kulturen (und Sprachen), bei denen die Sonne weiblichen Charakter hat und als mütterliches Prinzip gilt. So kann der Kreis als männliche Kraft verstanden werden, die alles umgreift und bewirkt, aber auch als mütterliche Umhegung, die das Leben hervorbringt und es hütet. Die männliche Sonnenkraft ist rund, aber der weibliche Schoß ist es auch. Vielleicht muß man sagen, daß die Kreissymbolik so vielgestaltig ist, daß sie sowohl dem Männlichen wie dem Weiblichen Ausdruck verleiht.

Im Menschen scheint eine Sehnsucht nach dem Runden zu stecken: Was eckig und kantig ist (so daß wir uns daran stoßen), das runden wir ab, wir umkreisen ein Problem, bis wir zur Lösung durchstoßen und den Kern der Sache herausgefunden haben. Und wir freuen uns, wenn wir auf kreisrunde oder kugelrunde Gegenstände stoßen, seien es vom Wasser geschliffene Steine, seien es edle Perlen oder kugelförmige Früchte oder Blüten. Und gerade, weil wir in unserer Körpergestalt (und unserer seelischen Konstitution) nicht rund und vollkommen sind, bleibt ein geheimes Verlangen, einmal eine vollkommene Gestalt zu empfangen. Vielleicht hat man deshalb früher die spekulative These aufgestellt, die Leiber der Auferstandenen hätten Kugelgestalt.

Viereck und Quadrat

Gegenüber dem Kreis oder der Spirale hat das Viereck etwas »Bodenständiges« und Stabiles. In der vom Menschen geformten Welt ist das Viereck allgegenwärtig und taucht überall auf: die Felder sind – im allgemeinen – viereckig, die Gärten, die Häuser, die Kirchen, die Plätze. Und wenn wir in ein Haus eintreten, dann wimmelt es noch mehr von viereckigen Formen: die Türen und Fenster, die Tische und Schränke, die Truhen und Hocker, der Herd. Und auch sonst scheinen wir diese Form zu lieben: Die Bücher und Hefte, Zeitungen und Zeitschriften, die Bilder an unseren Wänden, alles wird ins Viereck oder Quadrat gebracht. Wie kommt es zu dieser Vorliebe für eine Grundform?

Interessanterweise findet man ja das Viereck und den Würfel in der Natur nicht, von gewissen Ähnlichkeiten in manchen Kristallen einmal abgesehen. Es ist also ein »menschliches Produkt«, eine geprägte Form, nicht eine der Natur abgelauschte. Der Mensch hat offenbar Dingen, mit denen er umging, dadurch seinen Stempel aufgedrückt, daß er sie in diese Form brachte. Wenn ein Feld eine quadratische Struktur hat, dann heißt das zunächst: es hat eine Begrenzung. (Früher spielten die Grenzsteine eine wichtige Rolle, sie durften nicht heimlich versetzt werden.) Der Garten wird durch eine Hecke oder einen Zaun von anderen Grundstücken abgesetzt. Und wenn ich in »meinem Geviert« bin, dann habe ich das Gefühl, geschützt und geborgen zu sein.

Der Kreis hat einen dynamischen Charakter, das Quadrat einen statischen. Bedeutet die Vorliebe des Menschen für die Viereckform, daß er den Dingen, die er baut, Dauer verleihen will?

Die mächtigsten Bauwerke, die der Mensch jemals gebaut hat, sind die Pyramiden: sie sind auf einem exakten Quadrat aufgerichtet. Wir wissen ja von der staunenswerten Haltbarkeit dieser Gebilde, viele Jahrtausende haben sie überdauert. Aber auch andere quadratische Gebäude haben schon von ihrer Grundidee her den Charakter des Erdhaften, Ganzheitlichen, Stetigen. Man hat die Vier ja gewöhnlich als eine »irdische« Zahl angesehen (man denke an die vier Himmelsrichtungen, die vier Elemente), auch als eine weibliche Zahl, die das Körperliche und Gewachsene betont.

Wenn schon das Quadrat eine Beziehung zum Räumlichen hat, dann ist der Kubus, der Würfel, noch ausgeprägter ein räumliches Gebilde. Partizipiert der Würfel an der symbolischen Aussagekraft des Quadrats oder hat er seine eigene »Sprache«?

Der Würfel ist selbstverständlich das räumlich gesteigerte Quadrat. Er ist noch geheimnisvoller, weil er in die Höhe ragt. Das himmlische Jerusalem wird ja in der Johannesoffenbarung merkwürdigerweise als ungeheurer Kubus beschrieben. Eine Stadt als riesiger Würfel, das kann man sich eigentlich gar nicht vorstellen. Gemeint ist wohl damit, daß die himmlische Stadt der Inbegriff des Dauerhaften und Beständigen ist und man sich auf diese Stetigkeit und Festigkeit verlassen kann.

Nun kann man nicht übersehen, daß auch Quadrat und Würfel eine problematischere Dimension eignet: Auch eine Zelle im Gefängnis, auch ein Käfig haben diese Grundform. Wenn ich also in dieses Viereck eingesperrt bin und nicht herauskomme, dann fühle ich mich nicht wohl.

Deshalb haben wir in unsere Häuser ja auch Fenster und Türen eingesetzt. Grenzen sind zwar dazu da, um abzuschirmen und Distanz zu schaffen, Grenzen müssen aber auch überschritten werden können, sonst sind wir Gefangene und bekommen es mit der Angst zu tun. Die quadratischen Bauten müssen einen bestimmten Bewegungsspielraum lassen, man muß darin wandeln können. Denken wir an die Kreuzgänge in den Klöstern, die meditierend umschritten werden. Das Viereck markiert ein Ordnungssystem, aber es ist variabel und kann in einer Vielzahl von unterschiedlichen Gebilden ausgeführt werden. Der Mensch ist beides: ein seßhaftes Wesen, das seine unmittelbare Umwelt ordnet und prägt, und ein wanderndes Wesen, das sich und seine Umgebung verändert.

Das Viereck schafft auf jeden Fall einen »Rahmen«, einen geformten Lebensbereich, in dem sich unser Dasein verwirklichen kann. Vielleicht sind ja auch deshalb die Sport- und Spielfelder meist viereckig, weil sie die Welt im Kleinen darstellen: Das Spiel kann beginnen, ein Symbol für unser Lebensspiel. Wir meinen, es ginge einfach nur um Amüsement und Abwechslung, aber irgendwie geht es immer um unser Schicksal.

Es ist gut, daß es das Viereck, das Quadrat und den Würfel gibt. Sie erinnern uns an das Geradlinige und dauerhaft Gefügte. Augustinus nahm sogar an, das Quadrat wäre ein Symbol der Gerechtigkeit: Jede Seite hat ihr eigenes Gewicht, keine wird bevorzugt, so wie in einer gerechten menschlichen Gemeinschaft jeder das Seine, das ihm Gemäße, bekommen soll. – Aber es ist auch gut, daß es neben dem Quadrat noch ganz andere Grundformen gibt, wie den Kreis, das Dreieck, das Sechseck und das Oktogon.

Das Dreieck

Zu den ältesten Kultfiguren, die steinzeitliche Menschen geschaffen haben, gehören Statuetten von Muttergottheiten, bei denen das Geschlecht als »Delta«, als Dreieck, deutlich betont wird. Heißt das, das Dreieck ist ein weibliches Symbol und steht vor allem für das weibliche Geschlechtsorgan?

So einfach ist es sicher nicht. Man unterscheidet gerne das »weibliche Dreieck«, das mit seiner Spitze nach unten weist, und das »männliche Dreieck«, das seine Spitze nach oben richtet. Dahinter steht der Gedanke, daß die Frau in besonderer Weise die Repräsentantin der Erde ist, der mütterlichen Fruchtbarkeit. Das Delta ist die Schamgegend (regio pubica), aber es steht auch für die Einwirkung des Mondes, für die lunare Kraft. Es kann ein Symbol für die Scheide sein, für die Geburtshöhle, aber darüber hinaus für die lebenspendende Urkraft schlechthin. – Das männliche Dreieck ist ein phallisches Zeichen und damit ein Symbol der Zeugungskraft. Aber weil Symbole ja immer vielschichtig sind und nicht nur eine Dimension haben, ist zu bedenken: Das Dreieck mit der Pfeilrichtung nach unten steht in der Symbolik der Elemente für das Wasser, die Pfeilrichtung nach oben steht für das Feuer. Das Wasser drängt nach unten, das Feuer lodert nach oben, weist über sich hinaus.

Nun gibt es ja auch den sechszackigen Stern, das Hexagramm oder Salomonssiegel, auch Davidsstern genannt. Hier begegnen sich die beiden Dreiecke, die beiden Bewegungsrichtungen treffen sich. Hat dieses Zeichen auch seine Vieldeutigkeit?

Auf jeden Fall ist es ein Begegnungszeichen: Die Gegensätze treffen zusammen und ergänzen sich. Wir denken dabei zwar sofort an die Begegnung von Mann und Frau, aber wir sollten auch an all die anderen polaren Spannungen und Gegensätze denken: Himmel und Erde, Gott und Welt, das Obere und das Untere, das Sichtbare und das Unsichtbare, Feuer und Wasser. Wenn unsere Welt »polar gebaut« ist, wenn alles in dieser fruchtbaren Spannung steht, dann wird dahinter die Sehnsucht nach Begegnung und Ergänzung erkennbar.

Klingendes Kreuz

Gerade weil wir in unserem Leben meist von Disharmonien gequält werden, weil die Welt uns zerrissen erscheint und nichts sich zusammenfügen will, haben wir ein Verlangen nach dem Einklang. Das Weltganze soll zwar nicht zu einer harmlosen Eintracht gefügt werden, aber wir wünschen uns Konzentrationspunkte einer geheimen Ordnung, damit das Chaos überwunden werden kann und alles seinen ihm gemäßen Platz findet.

Der griechische Mythos erzählt vom Sänger Orpheus, daß er die Kraft gehabt habe, allein durch den Klang seiner Stimme eine apollinische Ordnung heraufzuführen: Aus den wilden Tieren wurden zahme, selbst die leblosen Steine fügten sich zu einer schützenden Mauer, seine Musik vermochte Eichen zu verpflanzen. Ein frühchristlicher Theologe, Klemens von Alexandrien, griff dieses Bild auf und deutete es auf Christus, den er als den wahren Orpheus verstand. Christus »gab dem All eine harmonische Ordnung und stimmte den Mißklang der Elemente zu geordnetem Wohlklang, damit die ganze Welt ihm zur Harmonie werde«.

Aus diesem Geist ist das Bild von Ernst Steiner entstanden. Wie durch Zauberkraft be-

wirkt, fügen sich alle Dinge zusammen, ordnen sie sich einander zu. Wer einmal beobachtet hat, wie sich der Metallstaub auf einer Glasplatte in eine konzentrische Struktur fügt, wenn ein Magnet unter die Platte gehalten wird, mag bei der Betrachtung des Bildes daran erinnert werden. Was ist es aber, was die Vielfalt der Einzeldinge zusammenfügt? Hier ist es das Kreuz, das bestimmend im Mittelpunkt des Bildes aufgerichtet ist. Ihm neigen sich die Bäume zu und fügen sich zu einer umfassenden Mandorla, von dem Kreuz selbst geht ein Klang aus, ein Harfenklang sanfter Melodie.

In einem frühchristlichen Hymnus, der 6. Ode Salomos, wird der vom Geist bewegte Christ mit einer Harfe verglichen, die vom heiligen Geist gespielt wird:

»Wie der Windhauch durch die Harfe weht
und die Saiten ertönen läßt,
so fährt durch meine Glieder der Geist
des Herrn,
und ich ertöne in seiner Liebe.«

Im Vordergrund des Bildes findet sich ein gedeckter Tisch, ein Altar mit entzündeten Kerzen und

einem edelsteingeschmückten Kelch. In der Feier des liturgischen Geschehens wird etwas von der Hoffnung auf eine »neue Schöpfung«, auf einen geordneten Kosmos der vollendeten Harmonie, vorweggenommen. Die Tischgemeinschaft der Erlösten versteht sich als Zelle einer gewandelten Welt. Das »klingende Kreuz« in ihrer Mitte soll zum Kristallisationspunkt des verheißenen Heils werden.

Ich frage mich, wo in unserer Welt das Dreieck als sichtbares Zeichen auftritt. Es hat ja eine ausgeprägte Dynamik, die uns gleichsam in Bewegung versetzt. Oder ich könnte auch sagen: Das Dreieck macht meine innere Spannung deutlich. Ich stehe in einem Beziehungsgeflecht: zu Vater und Mutter, zu Pflicht und Neigung, zu beruflichen und familiären Aufgaben. Und weil ein Dreieck ja eine ganz unterschiedliche Gestalt annehmen kann, die drei Seiten können ungleich lang, die Winkel von verschiedener Größe sein, bekäme ich gleichsam ein persönliches Psychogramm.

Es wäre also möglich, seine eigene Situation in ein individuelles Dreieck einzutragen, wobei ich das Gewicht von den mich bewegenden (oder bedrängenden) drei Faktoren so kennzeichnen müßte, daß ich in meine Beziehungen mehr Licht bekäme. Das gleichseitige Dreieck ist ein Symbol des Vollkommenen, Ausdruck der Balance, der Ausgewogenheit. Je uneinheitlicher oder verzerrter das Dreieck wird, um so mehr ist wohl auch das Gleichgewicht gestört.

Auf manchen religiösen Bildern der letzten Jahrhunderte (vermutlich seit dem Barock) steht das Dreieck für den dreifaltigen Gott. Hat dieses Signum etwas mit dem Symbol der Vollkommenheit zu tun?

Vielleicht ist es kein Zufall, daß dieses trinitarische Dreieck erst in einer Zeit in die christliche Kunst eingedrungen ist, als sich auch ein rationaler Zug und ein spekulatives Interesse der Symbolik bemächtigt hat. Die alte frühchristliche Kunst hat ja eine differenziertere Zeichensprache entwickelt, da steht z.B. die Hand für den Vater, die menschliche Gestalt für den Sohn, die inspirierende Strahlen oder die fliegende Taube für den Geist. In »aufgeklärteren Zeiten«, die bildfremder und nüchterner geworden sind, wird dann ein gewissermaßen geometrisches Zeichen verwendet.

Das klingt aber plötzlich ziemlich abwertend gegenüber dem Dreieck, das wir doch gerade als vielseitiges, sprechendes Zeichen gewürdigt haben.

Wir wollen es nicht schlecht machen. Es fragt sich nur, ob wir in einem Zeichen auch noch hintergründige Zusammenhänge erkennen können. Ein Symbol steht nicht für sich, es weist über sich hinaus und will unserem inneren Auge einen Wink geben, die Wirklichkeit tiefer zu erfassen. Versuchen wir, dies an einigen Beispielen zu verdeutlichen. – Die einfachste und beweglichste Behausung, die der Mensch entworfen hat, ist das Zelt. Es hat – grob gesehen – eine Dreiecksform. Ein Nomade, der häufig seine Weideplätze und damit auch seine Wohngebiete wechseln muß, braucht eine Wohnung, die nicht auf Dauer angelegt ist, sondern schnell abgebaut und wieder aufgerichtet werden kann. Hier ist das Dreieck mit seiner einfachen Nurdachkonstruktion die glücklichste Lösung. Das Zeltdreieck bietet Schutz und Geborgenheit, aber es ist beweglich und belastet nicht, wenn es wieder abgebaut und weitertransportiert werden muß. – Nun schauen wir uns dagegen eine ägyptische Pyramide an: sie ist das Massigste und Stabilste, was wir uns vorstellen können. Aber sie hat trotzdem eine Dreiecksgestalt. Wenn wir nun genau darauf achten, können wir bemerken, daß die Grundfläche der Pyramide ein Viereck darstellt, die aufsteigenden Seiten sind Dreiecke, die sich in einer Spitze treffen. Die Pyramide verjüngt sich immer mehr, bis sie schließlich nur noch ein Punkt ist. Wahrscheinlich soll sie das sich immer mehr steigernde geistige Streben zu seinem ewigen Ziel verständlich machen. Und wenn man jetzt die beiden Dreiecke vergleicht, das leichte Zeltdreieck, das Beweglichkeit ausdrückt, und die »schwerfällige« Pyramide, die den Übergang vom irdischen Viereck über die Dreiecksform zur himmlischen Leichtigkeit darstellt, bekommen wir doch wieder eine gewisse Gemeinsamkeit.

Aber vergessen sollten wir nicht, daß in unserer jetzigen Erfahrungswelt immer beide Dreiecke vorhanden sind, das nach unten und das nach oben weisende. Wir schauen nach unten und schauen nach oben, wir brauchen eine gewisse Stabilität und verlangen nach Geistigkeit, in uns wohnt das Feucht-Wäßrige und das Feuerhafte. Und in der Vereinigung der Gegensätze finden wir am ehesten den Ausgleich, damit wir nicht auseinanderfallen.

Das Kreuz

So sehr ist das Kreuz zum Kennzeichen des Christentums geworden, daß man darüber vergessen hat: es ist viel älter als das Christentum, schon im Neolithikum ritzten die Menschen Kreuze in den Stein, umgaben dieses Kreuz häufig mit einem Kreis. Ist eigentlich die Frage zu beantworten, welche Bedeutung diese Ritzzeichnungen in vorgeschichtlicher Zeit hatten?

Vermutlich sind es Sonnenzeichen. Man wird ja auch an ein Rad erinnert, dieses dynamische Zeichen mag also auch das Jahr mit seinen verschiedenen Jahreszeiten versinnbilden. Was aber bei diesen frühen Kreuzbildern auffällt, ist, daß sie schon einfache Mandalas sind: Irgendwie wird die Zusammengehörigkeit des Weltganzen in diesen Zeichen eingefangen, die damit einen kosmischen Charakter bekommen.

Greifen wir damit nicht zu hoch? Vielleicht sind es doch gar nicht so hintergründige Signaturen, sondern nur Merkzeichen aus der Alltagswelt.

Ich glaube, wir können davon ausgehen, daß solche Ritzungen eine tiefere Bedeutung hatten. Bei einem Kreuz treffen sich zwei Linien aus verschiedenen Richtungen: Die Vertikale stößt auf die Horizontale und durchschneidet sie. Das kann nun allerdings unterschiedlich gedeutet werden: Entweder, es wird etwas »durchkreuzt«, eine Störung tritt ein: oder, es findet eine »Begegnung« statt, es treffen sich verschiedene Grundrichtungen: das Oben und das Unten, die seitlichen Erstreckungen. Es wird etwas zusammengeführt und verbunden, ein Ausgleich findet statt. Die Kreuzmitte markiert gleichsam das Zentrum der Welt, dort laufen alle Himmelsrichtungen zusammen, aber von dort geht auch eine Bewegung in alle Richtungen aus.

Mir fällt ein, daß wir auch noch in der Gegenwart eine ziemlich profane Verwendung des Kreuzes kennen: das Koordinatenkreuz. Es dient uns als Schema zur Veranschaulichung von Entwicklungen. Es ist ein Ordnungs- und Orientierungszeichen, das helfen kann, verschiedene Tendenzen graphisch einzuzeichnen und sichtbar zu machen. Vielleicht sind die Koordinaten noch ein Nachklang dieses Urzeichens mit seiner verbindenden Tendenz.

Das Kreuz hat auf jeden Fall viele Bedeutungsaspekte. Wenn man die waagrechte Linie als die mehr beharrende und bewahrende Grundkraft in der Welt ansieht, die gewöhnlich als die »weibliche« Seite der Wirklichkeit angesehen wird, dann ist die Senkrechte das aktive Element und die »männliche« Seite. Bei den Elementen gilt das Wasser als Ausdruck der Horizontalen, das Feuer als Ausdruck der Vertikalen. Im Kreuz treffen nun die Senkrechte und die Waagrechte aufeinander und schneiden sich, so daß dieses Zeichen zum Symbol des Ausgleichs wird. Weder das aktive noch das passive Element dominieren, beide bringen sich ins Gleichgewicht. Damit wird das Kreuz zum Ganzheitszeichen: Das Männliche und das Weibliche sind aufeinander bezogen und kommen zu einer fruchtbaren Spannungseinheit. Aber man könnte auch an die Bezogenheit von Erdhaftigkeit und Geistigkeit denken, von Weltzugewandtheit und Offenheit für die Transzendenz.

Nun gibt es ja sehr verschiedene Kreuzformen. Man spricht z.B. vom »lateinischen Kreuz«, bei dem der Längsbalken stärker ausgeprägt ist als der Querbalken. Das »griechische Kreuz« hat gleiche Schenkel, ist also ausgewogener in den Dimensionen. Könnte man also sagen, daß in der westlichen Kirche die Betonung der Senkrechten auch einen Hinweis auf die stärkere Akzentuierung des Männlich-Aktiven gibt? Das würde bedeuten, daß die östlichen Kirchen in ihrer bevorzugten Kreuzform eher einem Ausgleich der Grundkräfte zuneigten.

Jede schematische Antwort ist vereinfachend und damit problematisch, aber aufs Ganze gesehen kann man dieser Betrachtungsweise sicher zustimmen. Die meisten Kirchenbauten der Orthodoxie haben ja auch die Grundgestalt eines griechischen Kreuzes, in der Mitte dominiert die »ausgleichende« Kuppel, die vier Arme der Kirche sind gleichlang. Und vermutlich wird jeder Kirchenbesucher die versammelnde Kraft dieser Kreuzform verspüren können.

Ein noch viel naheliegenderer Zugang zum Kreuz ist, daß wir in unserer leiblichen Gestalt das Kreuz finden. Vor allem das »obere Kreuz«, das durch den Schultergürtel gebildet wird, weil hier Kopf und Rumpf einerseits und die Arme und Hände andererseits miteinander verbunden werden, ist sofort nachvollziehbar, wenn wir stehend die Arme nach den Seiten ausstrecken. Man kann von einer kreuzgestaltigen Grundstruktur des Menschen sprechen, was vielleicht auch unsere innere Beziehung zu diesem Zeichen verständlich werden läßt.

Diese »leibliche« Verbundenheit mit dem Kreuz hat man auch in der frühen Christenheit schon wahrgenommen. Von Maximus von Turin wird z.B. folgender Text überliefert:

»Der Mensch, wenn er daherschreitet, wenn er seine Arme erhebt: er beschreibt ein Kreuz, und darum sollen wir mit ausgespannten Armen beten, damit wir selbst mit der Haltung unserer Glieder das Leiden unseres Herrn nachahmen.«

Und Werner Bergengruen, ein Dichter unseres Jahrhunderts, hat in einem Gedicht dieses kreuzgestaltige Baugesetz so ausgedrückt:

»Du Mensch nach Gott gebildet bist.
Dein Leib ist Gleichnis: Kreuz und Christ.
Gerammt in Grund der Hauptstamm steht.
Seitab der Schultern Querholz geht.
Erkenn das Kreuz. Du hängst daran,
Schmerzenskind und Schmerzensmann.«

Mir fällt auf, daß das Kreuz gewissermaßen zwei Seiten hat: Einerseits ist es ein Lebenszeichen, andererseits ein Todeszeichen. Jesus ist an das Marterholz gehängt worden, damit er einen schmählichen Tod erleide, deshalb fällt uns sofort der Tod ein, wenn wir das Kreuz sehen. Aber nach christlichem Glauben ist der Kreuzestod ja auch das Erlösungsgeschehen gewesen, es hat die Wende herbeigeführt, deshalb empfinden wir es auch als Lebenszeichen. Es fällt doch schwer, dem selben Zeichen entgegengesetzte Bedeutungen beizumessen.

Wenn wir die kostbaren mittelalterlichen Vortragekreuze betrachten, dann können wir erkennen, wie man diese Spannungseinheit künstlerisch gelöst hat: Man hat Jesus als den Leidenden und Sterbenden dargestellt. Aber das Kreuz ist mit Perlen und Edelsteinen geschmückt und aus Gold gefertigt. Manche Kreuze haben zwei Seiten: Auf der einen Seite wird das Todesgeschehen dargestellt, auf der anderen Seite erscheint der Auferstandene und Wiederkommende. Die Ambivalenz des Kreuzes läßt sich nicht besser veranschaulichen.

Und noch einen weiteren Aspekt möchte ich ansprechen. Wir gebrauchen das Wort »Kreuzweg«. Das kann bedeuten, daß zwei verschiedene Wege oder Straßen sich queren und nun die Kreuzung bilden. Aber meist hat ja dieser Ausdruck noch eine weitere Bedeutung.

Wenn ein Mensch am Kreuzweg steht, dann wollen wir sagen: Er muß sich entscheiden. Er spürt in sich eine innere Spannung, weil er ahnt, daß die Entscheidung eine Tragweite hat, die er noch nicht ganz durchschaut. Aber es ist unausweichlich, daß er *einen* Weg wählen, sich *einer* Richtung anvertrauen muß. Im Volksglauben haben deshalb die Wegscheiden und Kreuzwege immer einen geheimnisvollen Zauber gehabt, aber sie waren auch angstbesetzt. Wer sich entscheiden muß, wird nicht selten von einem Gefühl der Ratlosigkeit befallen: Welche Schicksalsmächte sind dabei im Spiel? Vielleicht hat man deshalb an den Kreuzwegen häufig Wegkreuze aufgestellt, die den dämonischen Einfluß brechen sollten.

Auch wenn das Kreuz eine vielfältige Bedeutungsgeschichte hat, ist es doch in unseren Breiten in erster Linie das Kreuz Christi, das Hoheitszeichen des Neuen Bundes, das Symbol für Heil und Erlösung. Das stehende Kreuz erinnert uns außerdem an einen Baum; und wirklich ist ja das Kreuz oft als Baum dargestellt worden, der uns die Frucht des Heiles schenkt. Das Kreuz ist zum Lebensbaum geworden und steht deshalb in einer Beziehung zum paradiesischen Baum des Anfangs, aber nun ganz im Zeichen der Hoffnung.

Cherub

Zur Eigenart der Visionen gehört es, daß sie die menschliche Sehfähigkeit überschreiten und die Hilflosigkeit der Sprache deutlich werden lassen. Im 1. Kapitel des Propheten Ezechiel schildert der Seher, daß sich ihm der Himmel geöffnet habe und er eine Erscheinung Gottes gewährt bekam. Was er aber wahrnahm, das war ein Sturmwind und eine feurige Wolke, aus der es wie Gold glänzte. Dann sah er ein vierfaches Lebewesen, das menschliche Hände und Füße eines Stiers hatte, aber auch Flügel. Es wird sowohl die Einheit wie die Verschiedenheit dieses Lebewesens betont. Das Menschengesicht schaut nach vorn, das Löwengesicht nach rechts, das Stiergesicht nach links und das Adlergesicht nach hinten. »Sie gingen, wohin der Geist sie trieb«, jedes Einzelwesen hat ein Rad, das sich mit ihnen bewegt, aber trotzdem scheinen die vier Gestalten zusammenzubleiben, denn ein glühendes Feuer brennt zwischen ihnen und verbindet sie. Das Flügelschlagen hört sich wie das Rauschen gewaltiger Wassermassen an, aber die Stimme des Allmächtigen scheint sich darin anzukündigen. Bewegung und Verharren, Dynamik und Statik sind hier zusammengeführt, alles weist über sich hinaus. Der Prophet sieht dann über den Wesen

einen Thron, auf dem sitzt eine Gestalt, die aussieht »wie ein Mensch«, zu seiner Kennzeichnung verwendet der Seher die Stichworte »glänzendes Gold«, »Feuerkranz«, »heller Regenbogenschein«.

Wie kaum ein anderer biblischer Text hat dieses Kapitel von Ezechiel die Mystiker des Judentums und Christentums angezogen. Vor allem die Kabbala, aber schon die Meister der jüdischen Mystik der ersten nachchristlichen Jahrhunderte, haben über diese Vision nachgesonnen und sich von ihr anregen lassen. Wenn uns die Majestät Gottes entzogen ist, weil wir seine Herrlichkeit nicht ertragen können, dann müssen wir uns an das halten, was wir – in mystischer Versenkung oder in der Ekstase – noch erreichen können: die himmlischen Thronsäle und die »Merkaba«, den göttlichen Thron. Der Mystiker mußte in einer mühsamen ekstatischen »Jenseitsreise« die Sphären des Himmels durchqueren, die als die himmlischen Hallen und die Vorbauten des göttlichen Königspalastes verstanden wurden. Weil in den verschiedenen Sphären Torwächter stehen, die die Weiterreise zu verhindern suchen, muß der Himmelswanderer geheime Namen als Paßwort kennen, bis er zum verschlossenen Tor

gelangt. Ein »kosmischer Vorhang« trennt den Menschen mit der begrenzten Fassungskraft von der Herrlichkeit Gottes. Aber selbst dieser Vorhang ist noch strahlend und kann uns vom unzugänglichen Geheimnis künden. In den vier lebenden Wesen blitzt das Licht auf, in ihnen wohnt das göttliche Wort und es wirkt in ihnen und durch sie hindurch.

Wenn solche Visionen sich gegen die sprachliche Darlegung versperren, dann muß auch der Maler einsehen, daß er keine endgültige Form dafür finden wird. Aber der Maler kann sich der Thematik mit seinen Mitteln annähern und uns Betrachter in die Nähe des Mysteriums bringen. Die Graphik Ernst Steiners betont die (differenzierte) Einheit der Viergestalt. Wie die Blätter einer Seerose fügen sich die vielen Flügel zu einer schwingenden Figur, die das Dynamische und Geistbewegte eindrucksvoll herausstellt. Nicht nur die vier Gesichter haben Augen und Schaukraft, auch die Flügel sehen, nehmen auf, strahlen zurück. Die Zeilen aus der zweiten Duineser Elegie fallen mir dazu ein:

»Räume aus Wesen, Schilde aus Wonne, Tumulte
stürmisch entzückten Gefühls und plötzlich, einzeln,
Spiegel: die die entströmte eigene Schönheit
wiederschöpfen zurück in das eigene Antlitz.«

Hinter dem Flügelwesen ist nur eine strahlende Aura: Aus ihr tritt die Gestalt hervor, auf sie bleibt sie verwiesen, ihre Vergegenwärtigung ist sie. Ein ungeheurer Raum mit seinen funkelnden Sternen bleibt angedeutet. Das Verborgen-Gegenwärtige macht sich erkennbar. Wenn schon das Flügelwesen so mächtig ist, daß es in seinen Händen Mond und Sonne hält, in schwingender Bewegung im kosmischen Bereich verharrt, wie unfaßbar groß muß dann erst die Macht sein, die im Verborgenen west. Das göttliche Dunkel tritt einen Schritt näher zu uns und wird ein vernehmbares Licht.

Die Räder – wieder mit Augen bestückt – machen noch einmal die Dynamik deutlich, die Wesen sind in einer Bewegung: »Der Geist der Lebewesen war in den Rädern. Sie liefen, wohin der Geist sie trieb.«

Betrachtet man das Bild als Ganzes, dann läßt sich die Form einer Mandorla erkennen, eine ovale Aureole, die als Zeichen einer Theophanie verwendet wird. Und die Vision ist geradezu die charakteristische Erscheinungsform eines Sichtbarwerdens göttlicher Kraft.

Das Haus

Jeder Gang durch die Stadt macht uns deutlich, wie verschiedenartig die Häuser sind, die wir bauen. Vornehme Villen in weitläufigen Gärten verstecken sich hinter Baumgruppen, Hochhäuser sind unübersehbar, Reihenhäuser schmiegen sich aneinander, kleine Gartenhäuser bieten dem Schrebergärtner Schutz, Einfamilienhäuser sind den Bedürfnissen bürgerlicher Wohnkultur angepaßt, Schlösser und Adelsitze haben repräsentativen Charakter und wollen Macht und Einfluß schon in der ganzen Anlage unter Beweis stellen. So verschieden die Häuser auch sind, alle dienen dem Menschen als Wohnung und Heim.

Es ist schon einige Jahrtausende her, daß der Mensch sein Nomadentum aufgab und seßhaft wurde. Dazu brauchte er mehr als das leichte und bewegliche Zelt, er baute sich feste Häuser, sicher zunächst einfache und elementare, dann immer größere und reicher ausgestattete. Und heute hat – beinahe – jeder Mensch das Bedürfnis, »behaust« zu sein, er möchte eine feste Bleibe haben, die ihn schützt, in die er sich zurückziehen kann. Das Haus wird zu dem Bereich, wo ich – auch geistig – zu mir kommen kann, wo ich meinen Ort finde. Das eigene Heim ist die Mitte meiner Welt, von dieser Mitte kann ich ausgehen, kann in konzentrischen Kreisen wirksam werden und meinen Aufgaben gerecht werden, kann mich aber immer wieder dorthin zurückziehen, um mich zu »er–holen«, mich also wieder einzuholen und Kräfte zu sammeln.

Und was macht ein Haus zum Haus, was gehört dazu, damit ein Heim entsteht?

Das muß im Grunde jeder selbst entscheiden. Das Bauen und Wohnen gehört zum Menschsein, hat Martin Heidegger gesagt. »Mensch sein, als Sterblicher auf der Erde sein, heißt: wohnen.« Aber wie eine Bleibe aussieht, ob nur eine Wohnhöhle gesucht wird oder ob man sich ausbreiten möchte, das ist individuell sehr verschieden. Ich habe auf dem Südhang des Berges Athos Einsiedeleien von Mönchen gesehen, die äußerst karg waren. Außer einer schlichten Schlafstätte und einem dürftigen Herd, einem klapprigen Stuhl und einem Haken an der Wand für die zerschlissene Kutte gab es nichts, was die Felsnische wohnlich gemacht hätte. Aber der Platz dieser Eremitage war großartig: Man konnte von dort auf das Meer schauen, weit hinunter ging der Blick, aber auch das felsige Gebirge und die bewaldeten Hügel konnten eingesehen werden. – Nun, unsere Ansprüche sind größer. Auf den weiten Blick und die Einsamkeit müssen wir verzichten, dafür haben wir das Verlangen, mehrere Räume zu bewohnen, das Inventar soll reich bestückt sein, alles möglichst praktisch und modern.

Es ist ja aufschlußreich, daß wir manchmal dennoch das Bedürfnis haben, unser mehr oder weniger luxuriöses Zuhause zu verlassen und wieder anspruchslos zu leben, mit dem Zelt auf dem Buckel, einem primitiven Kochtopf und einem Schlafsack. Der Nomade scheint in irgendeinem Winkel unseres Unbewußten eine verborgene Existenz zu führen und meldet sich manchmal zu Wort.

Allerdings freuen wir uns nach einer solchen Phase wieder, in das *gewohnte* Milieu zurückzukehren und die Bequemlichkeiten zu genießen, auf die wir zeitweise verzichtet haben. Wir sollten nicht vergessen, daß uns das Haus nicht nur als Rückzugsort und Privatbereich wichtig ist. Schließlich laden wir dorthin unsere Freunde ein, feiern die Feste mit unserer Familie, erleben die Gemeinschaft mit anderen, planen unser weiteres Leben.

Im Haus gibt es einige symbolträchtige Gegenstände, die uns die Bedeutung unserer Wohnung plausibel machen können. Da ist einmal der Herd, die Feuerstelle, weil erst dadurch ein Haus bewohnbar gemacht wird und die Speise gekocht werden kann. Heizung und Herd sehen zwar heute sehr anders aus als in früheren Jahrhunderten und dennoch haben sie ihren Stellenwert behalten. Früher zählte man ja die Einwohner einer Stadt nach den Feuerstellen, weil sich darum die jeweilige Wohngemeinschaft versammelte und einen »focus« bildete. – Dann scheint mir der Tisch ein wichtiger Versammlungsort zu sein, weil er die Bewohner eines Hauses zum Mahl und zum Gespräch zusammenführt. Und die Tischgemeinschaft dürfte zu den wichtigsten Gesellungsformen des Menschen gehören: Am Tisch wurden wichtige Entscheidungen getroffen, wurde aber auch die Zusammenge-hörigkeit erlebt. – Und schließlich ist das Bett (und überhaupt der Schlafraum) von hoher Bedeutung: Der einzelne kann dort Ruhe finden und sich erholen, und die Paare können ihre geschlechtliche Gemeinsamkeit leben. – Ohne Herd, Tisch und Bett kann ich mir also kein Haus denken, es sind die Ingredienzien menschlichen Wohnens, die Voraussetzungen für ein bewohnbares Heim.

Man könnte allerdings noch weiter gehen und sagen: Zu einem Haus gehört zunächst einmal Grund und Boden, gehört ein sicheres Fundament, damit auf dieser Basis sich das Gebäude erheben kann. Schon die Bibel weist ja darauf hin, wie wichtig es ist, nicht auf Sand zu bauen, sondern auf felsigem Grund. Dann kommen die starken Mauern dazu, tragende Balken, ein sturmsicheres Dach. Und weil wir ein zwar sicheres, aber auch offenes Haus haben wollen, brauchen wir Türen und Fenster, damit das Gebäude nicht wie ein

Bunker oder ein Gefängnis wirkt. Und weil ein Haus viele Funktionen hat, braucht es verschiedene Zimmer, die jeweils geeignet sind für das, was wir nötig haben und tun wollen.

Es ist verblüffend, welche Parallelen zwischen dem Haus und seinem Bewohner auftauchen. Es ist ja nicht nur eine unbedachte Redeweise, wenn wir einen Menschen mit »altes Haus« anreden. Auch der Mensch braucht ein geistiges Fundament, braucht das festgefügte Gerüst seiner Lebenseinstellung, braucht verschiedene »Räume« für die Bereiche seiner Existenz, braucht das schützende Dach, die offenen Fenster, die begehbare Tür, er hat einen wärmenden Herd nötig, einen Keller, um Vorräte für schwierige Zeiten zu verwahren.

Und weil wir Menschen immer in einem Veränderungsprozeß stecken, wir lernen schließlich dazu, müssen uns neu orientieren, könnte man sagen, daß das Haus unserer Person eine permanente Baustelle ist. Das bisherige Haus mag uns zu eng werden, wir müssen anbauen und erweitern. Aber vielleicht haben wir auch zu groß geplant und müssen zurückstecken, sonst können wir unser Lebenshaus nicht wirklich durchwohnen.

Es ist so, daß Mensch und Haus in einem innigen Zusammenhang stehen, aber auch Haus und Welt. Jeder einzelne Mensch ist ja die »Mitte seiner Welt«, er baut sich auch ein Modell der Welt im kleinen Maßstab. Der Kosmos bildet sich ab in überschaubarer Gestalt. Da gibt es das Oben und das Unten, Innen und Außen, Mitte und Peripherie, Geschlossenheit und Offenheit, Rückzugsort und Ausgangspunkt, Tag- und Nachtbereich, Aktion und Kontemplation.

Vergessen wir es nicht: Auch der Tempel und die Kirche sind Häuser, wo die Menschen zusammenkommen, ihre Verbundenheit erfahren und die Nähe zu Gott erleben können. Wir dürfen uns dort geborgen fühlen, werden aber auch gestärkt für das Leben im Alltag. Waren es der Herd, der Tisch und das Bett, die in unserem Wohnhaus im Zentrum standen, so sind es in der Kirche der Altar (der ja als Tisch zu verstehen ist) und das Taufbecken, wo die sakramentale Wiedergeburt vor sich geht.

Die christliche Botschaft weist uns allerdings darauf hin, daß wir uns nicht so dauerhaft und endgültig in unserer irdischen Behausung beheimatet fühlen sollen, als gebe es nur sie. Die Sehnsucht geht nach einer Beheimatung, die endgültigen Charakter haben soll. Paulus drückt es so aus: »Wenn unser irdisches Zelt abgebrochen wird, dann haben wir eine Wohnung von Gott, ein nicht von Menschenhand errichtetes ewiges Haus im Himmel« (2. Korintherbrief 5,1). In gewisser Weise bleiben wir also Fremdlinge in der Welt, haben keine dauerhafte Bleibe, sind im »Elend« (was heißen soll: im fremden Land). Das soll allerdings nicht heißen, wir sollten keine Freude an unserer Behausung haben, dürften uns nicht in unserer Wohnung wohl fühlen. Schließlich gibt uns ja unser Heim einen Vorgeschmack auf die Wohnung des Heils, die uns verheißen ist.

Quelle und Lebensbrunnen

In unseren Tagen beginnt das Wasser wieder kostbar zu werden, vor allem dann, wenn das Leitungswasser nicht mehr trinkbar ist, und wir uns teures Mineralwasser besorgen müssen. Aber in früheren Zeiten (und in anderen Regionen der Erde sowieso) ist der unvergleichliche Wert des Wassers immer gesehen worden. Da es weitgehend keine Wasserleitungen gab, mußte man (manchmal weite Wege) zur Quelle gehen, um »lebendiges Wasser« zu bekommen. Ist eigentlich von daher die hohe Bedeutung, die man den Brunnen und Quellen beimaß, zu verstehen?

Weil es ohne Wasser kein Leben gibt, hat man die Kostbarkeit des Wassers zu allen Zeiten und überall erkannt, vor allem natürlich da, wo man mit dem Wasser haushalterisch umgehen mußte. Es kam den Menschen wunderbar vor, daß es Orte auf der Erde gibt, an denen das Wasser aus der Erde entspringt und sprudelnd an die Oberfläche kommt.

Das hat wohl auch dazu geführt, das Wasser mit der »Mutter Erde« in Verbindung zu bringen. Ein Quell ist ein »Born des Lebens«, das Wasser kommt aus großen Tiefen, selbst in heißen Ländern ist es kühl und frisch, die dunklen Wasser der Tiefe müssen also ein Geschenk der Muttergöttin sein.

So hat man es wohl gesehen. In vielen Kulturen versteht man nämlich die »oberen Wasser«, die als Regentropfen aus den Wolken fallen, als »männliche Wasser«, die die mütterliche Erde befruchten und so die nächste Ernte möglich machen. – Weil es aber in vielen Regionen selten regnet, ist man darauf angewiesen, Brunnen zu graben und die Wasser der Tiefe zu finden. Das ist ein gefährliches Unternehmen, weil dort, wo das Leben wohnt, auch der Tod seinen Ort hat. Man muß also den Tod riskieren, um zum Lebenswasser zu kommen.

Ich erinnere mich, daß es ein Märchen gibt, das den Titel hat: »Das Wasser des Lebens«. Dort wird den Söhnen des kranken Königs gesagt: »Ich weiß noch ein Mittel, das ist das Wasser des Lebens, wenn er davon trinkt, so wird er wieder gesund; es ist aber schwer zu finden.« Das Rettende liegt nicht für jeden, der es verlangt, offen zu Tage, es muß erst mühsam gefunden und errungen werden.

Wenn man bedenkt, daß die Brunnen oft als tiefe Schächte ins Innere der Erde getrieben wurden, dann kann man sich schon vorstellen, daß das als Wagnis empfunden wurde, vielleicht sogar als Tabubruch, weil man gleichsam den Leib der mütterlichen Erde öffnete. Außerdem hat man ja in der Tiefe der Erde auch die Unterwelt vermutet, das Totenreich. Je näher ich mich in die Todesregion begebe, desto größer wird die Gefahr, daß ich in seinen Fängen bleibe und nicht mehr zum Leben zurückfinde.

Eigentlich ist es ja seltsam, daß man Tod und Leben so nah beieinander gesehen hat. Für uns sind das extrem auseinanderliegende Bereiche, die gewissermaßen nichts miteinander zu tun haben.

Das ist früher ganz anders betrachtet worden. Um zum volleren Leben durchzustoßen, mußte erst ein »Tod« durchlitten werden. Bei den Initiationsriten der alten Kulturen überall auf der Erde mußten die jungen Menschen sogar einen rituellen Tod erleiden, bevor man sie als Erwachsene anerkennen konnte. In einem Brief hat Rainer Maria Rilke auf diese Verschwisterung von Tod und Leben hingewiesen: »Nichts, ich bin sicher, war je der Inhalt der ›Einweihungen‹, als eben die Mitteilung eines ›Schlüssels‹, der erlaubte, das Wort ›Tod‹ *ohne* Negation zu lesen; wie der Mond, so hat gewiß das Leben eine uns dauernd abgewendete Seite, die *nicht* sein Gegen-Teil ist, sondern seine Ergänzung zur Vollkommenheit, zur Vollzähligkeit, zu der wirklichen heilen und vollen Sphäre und Kugel des *Seins.*« – Wer sich den Tiefen des Todes stellt, der kommt auch zum Wurzelbereich des Lebens. In manchen Märchen kommt man ja auch, wenn man in den Brunnenschacht hinuntersteigt, in einen »anderen Bereich«, eine geheimnisvolle Zone, die voller Gefahren, aber auch voller Chancen ist.

Nun ist ja gerade im Sakrament der Taufe noch eine Tradition bewahrt worden, die den Zusammenhang von Tod und Leben nicht vergessen hat. Paulus hat den Taufvorgang als eine Vereinigung mit dem gekreuzigt-auferstandenen Christus gedeutet: »Wißt ihr nicht, daß wir alle, die wir auf Christus Jesus getauft wurden, auf seinen Tod getauft worden sind? Wir wurden mit ihm begraben durch die Taufe auf den Tod; und wie Christus durch die Herrlichkeit des Vaters von den Toten auferweckt wurde, so sollen auch wir als neue Menschen leben« (Römerbrief 6, 3f.). Hier wird der Taufbrunnen als Ort von Tod und Leben verstanden.

Dabei ist zu bedenken, daß in den Reden Jesu (vor allem nach dem Johannesevangelium) oft vom lebenspendenden Quell die Rede ist. »Wenn einen dürstet, so komme er zu mir und trinke, und wer an mich glaubt, aus dem werden, wie die Schrift sagt, Ströme lebendigen Wassers fließen« (Johannes 7, 38). Und schon in der Perikope am Jakobsbrunnen heißt es: »Wer von dem Wasser trinkt, das ich ihm geben will, wird in Ewigkeit nicht mehr dürsten, vielmehr wird das Wasser, das ich ihm geben will, in ihm zu einem

Wasserquell werden, der sprudelt und ewiges Leben spendet« (Johannes 4,14). Jesus vergleicht sich also selbst und sein Wirken mit einem wasserspendenden Brunnen. Er möchte Antwort geben auf das sehnsüchtige Verlangen nach Leben, nach unsterblichem Leben. Aber auch dieses Leben ist nicht ohne ein Sterben zu haben.

Vielleicht haben wir vergessen, daß die Symbolik des Wassers immer beide Aspekte enthält: Einerseits ist es der Inbegriff des Lebens, des Wachstums, Blühens und Reifens. Aber es ist immer andererseits die kontrastierende Erfahrung da: Wasser kann überschwemmen, auflösen und zerstören. Weil das Wasser eine »amorphe« Gestalt hat, immer am Fließen ist, sich dauernd verändert, kann es auch als Medium der Verwandlung verstanden werden, zumal es ja auch zur festen Eis-Form erstarren und sich in Dampf »auflösen« kann. Wenn ich – im kultisch-rituellen Sinn – ins Wasser hineinsteige, begebe ich mich in das chaotische Element, sage ja zu Tod und Auflösung, damit ich ein neues Leben erlange und die Zerstörung hinter mir lassen kann.

In den barocken Gärten waren ja die »springenden Brunnen«, die aufsteigenden Fontänen häufig der Mittelpunkt der ganzen Anlage. Ob da nicht eine (wahrscheinlich unbewußte) Erinnerung an die reinigende, heilende, verwandelnde Kraft des Wassers mitspielen mag?

In der Renaissance und im Barock hat man diese Zusammenhänge durchaus noch gesehen. Und die Maler und Bildhauer haben auch mit großer Unbekümmertheit die antiken Mythen neben die christlichen Motive gesetzt und die mythischen Bilder neben die biblischen Geschichten gesetzt, um die Wirklichkeit zu deuten. Und die Sagen vom »Jungbrunnen« schwingen häufig auch mit.

Als es noch keine Wasserleitungen gab, waren die Quellen und Brunnen ja ein Treffpunkt der Menschen. Dort konnte man sich versammeln und Neuigkeiten erfahren, dort wurden Geschäfte abgewickelt – und sogar künftige Ehen eingefädelt, wie die alttestamentlichen Geschichten um Isaak und Rebekka, um Jakob und Rahel berichten. Aber mir scheint, auch heute haben die Quellen, sofern wir sie überhaupt noch finden, im Gebirge etwa, nichts von ihrer Faszination eingebüßt. Immer noch können wir staunend davorstehen und beobachten, wie da aus unerschöpflichen Tiefen das kühle Naß heraufsteigt. Wir ahnen etwas vom »Ur-sprung«, vom immer neuen Anfang, von der Erneuerungskraft, die im Quellwasser anschaulich wird. Wenigstens da kann man noch eine Ahnung vom verlorenen Paradies bekommen.

Hüter der Quelle

Wo Wasser ist, da kann sich das Leben entfalten, da kann es blühen und wachsen. Und wo die Quellen versiegen, verdorrt das Land und wird zur Wüste. Aber auch in Landstrichen, die nicht unter Wassermangel zu leiden haben, kann eine Wassernot eintreten: Das Wasser kann verunreinigt werden, so daß es giftig und ungenießbar wird. Unsere Gegenwart ist eine Zeit der bedrohten Gewässer. Mittlerweile gibt es ganze Regionen, in denen vor dem Genuß des Wassers gewarnt werden muß, weil es durchsetzt ist mit Spuren von Schwermetallen oder Phosphaten; die Rückstände der Industrie und einer rationell-mechanischen Landwirtschaft sind in den Boden und schließlich ins Grundwasser geraten.

Das Wasser muß gehütet werden, wir brauchen Hüter, die das Wasser der Tiefe und die Quellen bewachen und dafür Sorge tragen, daß aus dem Lebenswasser kein Todeswasser wird. Das Kostbare ist immer bedroht, das Zukunftsträchtige braucht einen besonderen Schutz.

Das Bild von Ernst Steiner provoziert nicht. Er zeigt uns keine Kloaken, nicht die Auswirkungen einer verseuchten Umwelt, die abgestorbenen Bäume, wie das heute von manchen Malern versucht wird. – Aber ein Appell ist das Bild trotzdem, weil es auf die Heiligkeit des Wassers aufmerksam macht und auf seine Versehrbarkeit. Die Quellen brauchen wahrhaftig einen starken und gütigen Engel, der dafür sorgt, daß weiterhin reines Wasser aus dem Boden fließen kann. Eine Aura heilsamer Ausstrahlung ist um den Quellbereich, weil sich hier das Leben zeigt, weil von hier aus sich die Fruchtbarkeit entfalten kann.

Die Engelwesen scheinen nur aus Flügeln zu bestehen, sie haben also etwas Schwebendes, Leichtes. Sie wehren mögliche Feinde nicht mit irgendwelchen Waffen ab, sondern breiten nur ihre mächtigen Flügel aus, die alles umfassen, mit denen sie in alle Richtungen fliegen können. Das Oben und Unten umgreifen sie, das Auf und Ab. Die Wasserquelle ist gar nicht zu sehen, aber die Engel sind zu einer Lichtquelle geworden und breiten einen Glanz aus.

Der Strauch, am Wasser stehend, kann zum Blühen kommen. Wo das Wasser gehütet und der Quell beschirmt wird, da können sich Himmel und Erde begegnen, und die Erde kann ihre Frucht spenden. In der Bibel stehen die Flügel für die hilfreiche Nähe Gottes, für den Schutz, den er uns gewähren will.

»Birg mich im Schatten deiner Flügel« (Psalm 17,8).
»Die Menschen bergen sich im Schatten deiner Flügel« (Psalm 36,8).
»Sei mir gnädig, o Gott, sei mir gnädig,
denn ich flüchte mich zu dir.
Im Schatten deiner Flügel finde ich Zuflucht,
bis das Unheil vorübergeht« (Psalm 57,2).

Das untere Flügelwesen hat viele Augen, es ist ein sehendes Wesen, das uns gleichsam anschaut, wenn wir auf die Quelle zugehen. – Im Alten Testament haben die Brunnen häufig geheimnisvolle Namen. Als Hagar in die Wüste hineingelaufen war und beinahe verdurstete, da begegnete ihr ein Engel und führte sie wieder zu Abraham zurück. Und sie nannte den Brunnen ihrer Rettung »Brunnen des Lebendigen, der mich sieht« (Genesis 16,14). Sie fühlte sich geschaut, heimgesucht von der rettenden Gnade. So konnte sie Gott als den Schauenden erleben.

Der Berg

Unsere unbefangene Begeisterung für die Bergwelt und das Bergwandern ist ein modernes Phänomen. Auch in früheren Jahrhunderten und Jahrtausenden ist der Mensch auf Berge gestiegen und hat Gebirge überwunden, aber das Betreten der Bergregionen war mit einer Scheu verbunden, weil man davon überzeugt war, in einen Bereich einzutreten, der numinosen Charakter hat, der eigentlich den Göttern vorbehalten war. Soll man sich nun eigentlich freuen über die touristische Erschließung der Bergwelt oder soll man sie bedauern, weil sie verbunden ist mit einer völligen Entzauberung der Bergwelt? Wenn ich mit einer Bergbahn oder einem Lift auf 3000 Meter gebracht werde, kann ich nicht mehr den Eindruck haben, mich einem den Göttern vorbehaltenen Ort zu nähern.

Und trotzdem ist den Bergen eine gewisse Hoheit zueigen geblieben. Wenn ich auf den bequemen Sessellift verzichte und nicht auf den ausgetretenen Promenaden mit ganzen Scharen von Spaziergängern wandle, sondern einem einsamen Steig folge, mir die Mühsal des Aufstiegs zumute, dann kann ich auch heute noch etwas von der geheimnisvollen Anziehungskraft erfahren, aber ebenfalls etwas von der stolzen Unnahbarkeit. Manchmal hüllt sich der Berg in eine Wolke von Nebeln, manchmal wird er so umtost von wilden Stürmen, daß der Zutritt unmöglich gemacht ist.

Und was lockt uns am Berg, was macht diesen unvergleichlichen Reiz der Bergwelt aus? Ist es die ragende Höhe, der weite Blick, die Ruhe, die mich dort umfängt? Oder will ich mir nur beweisen, daß ich eine solche Herausforderung noch annehme und die Strapazen bewältige?

Wenn wir solche Fragen stellen, dann können wir uns um »vernünftige« Antworten bemühen, wir können unser Gefühl sprechen lassen, aber wir haben auch noch tiefere Schichten, die wir uns gar nicht so eindeutig bewußt machen können. Es steckt in uns eine Sehnsucht, aus der Ebene unserer Alltagswelt auszusteigen und ein anderes Niveau zu erreichen. Beim Aufstieg müssen wirklich die Kräfte erprobt werden, was aber wichtiger ist: Wir müssen die uns gewohnte Welt hinter uns lassen. Ich habe nie die Menschen verstanden, die lärmend in den Bergen unterwegs waren oder sogar mit ihren Transistoren die ihnen gewohnte Geräuschkulisse nach oben transportierten. Das erste, was uns oben erwartet, ist ja Stille, eine ungewohnte und deshalb »beunruhigende« Stille. Diese gewandelte Atmosphäre führt dazu, daß sich meine Sinne öffnen und feinfühliger werden: mit Staunen kann ich dort beobachten, daß sich unsere konventionellen Maßstäbe verändern: Was wir normalerweise für »groß« und »wichtig« ansehen, wird plötzlich klein und unscheinbar.

Der Blick von oben gewährt uns eine veränderte Perspektive: ich kann Nahes und Fernes wahrnehmen, weit in die Landschaft schauen, ich bekomme einen Platz, der mich über alles Übliche hinaushebt.

Nun haben in der Religionsgeschichte die Berge immer eine besondere Funktion gehabt. Das »Oben« war nicht einfach ein topographischer Begriff, sondern wurde mit der Nähe zu den Göttern in Verbindung gebracht. Das ist doch von uns nicht mehr so ohne weiteres nachzuvollziehen?

Auch wenn wir nicht mehr sagen werden: Die Götter wohnen auf dem Olymp oder der Berg Meru ist die Mitte der Welt, die axis mundi, so müssen wir doch die spirituellen Erfahrungen, die die Menschen früherer Zeiten gemacht haben, ernst nehmen. Nach »oben« kommen, das bedeutet für viele in unseren Tagen nichts weiter, als auf der Karriereleiter aufzusteigen, mehr Geld zu verdienen, mehr Einfluß zu gewinnen. Den »Alten« bedeutete es: Eine geistige Höhe gewinnen, sich dem göttlichen Geheimnis nähern. Auf den Bergen hatten sich häufig die Offenbarungen ereignet, die »Theophanien«. Auf den Berg steigen, das bedeutete auch einen Vorgang der Reinigung, der Entsagung, um sich für eine Begegnung mit dem Gottesgeheimnis vorzubereiten. Wenn man also gesagt hat: auf dem Berg wohnen die Götter, dann bedeutete das zunächst einmal: der Berg ist ein Ort der Begegnung: Oben und unten berühren sich, Himmel und Erde kommen da zusammen. »Wer darf weilen auf deinem heiligen Berg?« fragt der Psalmist (Psalm 15,1). Der Berg ist eine besondere Zone der Welt, eine Sphäre des Übergangs. Man kann dort Abstand bekommen zum Üblichen, es ist ein Bereich, der zum Nachdenken und zur Entscheidung herausfordert. Von Jesus wird erzählt, daß er auf den Berg der Versuchung geführt wurde und sich über seine Berufung klar werden mußte. Aber er ging auch später manchmal auf den Berg der Einsamkeit, um »für sich allein zu beten« (Matthäus 14,23). Von einem Berg proklamierte er die neue Ordnung der Bergpredigt, auf dem Berg der Verklärung ließ er die Lieblingsjünger etwas von seiner verwandelten Gestalt sehen.

Gerade die Verklärungsgeschichte macht aber auch deutlich, daß die Menschen nicht auf dem Berg bleiben sollen, sondern wieder in den Alltag der Ebenen hinabsteigen müssen. Ist es nicht so, daß wir die große Höhe auf die Dauer gar nicht aushalten? Es ist gut, dort gewesen zu sein, aber man muß sich wieder verabschieden, vielleicht gewandelt und erneuert, um schließlich auch das Leben »da unten im Gewimmel des Alltäglichen« anzupacken und ernstzunehmen.

Dem Aufstieg scheint ein notwendiger und sinnvoller Abstieg zu entsprechen. Es ist ähnlich wie bei der Erfahrung der Tiefe und des Abstiegs in die Höhle. Dem muß dann – entsprechend der Bergerfahrung – der Aufstieg folgen, daß man die Erdtiefe verläßt und die uns gemäße mittlere Zone wieder erreicht. Übrigens sind die Höhe des Berggipfels und die Tiefe der Höhle auch Orte der Einsamkeit und des Todes. Und wenn wir uns wieder den normalen Gefilden zuwenden, dann soll das eine neue Lebenskraft wecken. Wir sind vielleicht durch eine Wandlung hindurchgegangen, die wir erst allmählich richtig zur Kenntnis nehmen.

Man sagt ja: wer einmal einen hohen Berg bestiegen hat, der behält eine Sehnsucht nach der Bergwelt. Alles bleibt unvergessen, weil es eine gesteigerte Art zu leben gewesen ist, näher dem Himmel, vielleicht auch näher der Transzendenz. Und selbst die Todesnähe hat uns dem Leben näher gebracht.

In der Schule des Schweigens

Wie kann es mir gelingen, das Schweigen zu lernen?
Umgeben bin ich von vorlauten Stimmen,
aber in mir spür' ich die Wogen der Unrast nicht weniger stark.
Ich möchte den anbrandenden Lärm verstummen lassen,
doch der Wirbel der inneren Töne kann nicht zur Ruhe finden.
Wenn ich die Augen öffne, kommt der bunte Flitter zu mir,
wenn ich sie schließe, überfallen mich tausend Dinge:
Ein Husarenritt von Einfällen stürzt über mich her.

Renne ich gegen den Lärm an, werde ich von ihm angesteckt.
Laufe ich ihm davon, überholt er mich spielend.
Die Ruhe muß Platz greifen in meinem Körper,
das Schweigen muß meinen Atem erfassen,
sanfte Gelassenheit sollte meine Finger erfüllen.
Lasse ich die Stille zu, dann ist sie wie ein sanfter Wind auf der Haut,
im Herzen sammelt sich die Kraft des Schweigens an.

Der Atem der Ruhe soll mich anhauchen,
dann wird eine Brücke geschlagen von Ufer zu Ufer,
die Abgründe der Schluchten und tiefen Risse schließen sich,
heilende Ströme sind wie Balsam auf den Wunden.
Im Verworrenen wird die Spur einer neuen Ordnung sichtbar:
Alles findet seinen Platz, darf dasein und verweilen.
Gegen nichts muß ich mich zur Wehr sezten.

Verlangen habe ich nach einem neuen Ohr,
damit ich nicht hängen bleibe beim hohlen Getön.
Der Kraftbereich des Schweigens weitet die Ohrmuschel,

die zarten Klänge ungeahnter Tiefen lassen sich ahnen.
Heimgeholt werden möchte ich zum Ausgangspunkt aller Töne,
dort, wo der Geburtsort der ersten Worte ist.
Im Schweigen kann ich den Ursprüngen nahe kommen.

Der Baum

Das Baumsterben in unseren Breiten und die Brandrodung in den tropischen Wäldern würde uns wahrscheinlich nicht so intensiv beschäftigen und auch unser Gefühl nicht so stark bewegen, wenn nicht der Baum auch für uns aufgeklärte Gegenwartsmenschen einen Hauch des Heiligen und Geheimnishaften behalten hätte. Warum ist gerade der Baum nicht nur als Holzproduzent und Früchtespender für uns wichtig, sondern mit einer besonderen Aura umgeben?

Zu allen Zeiten war der Baum den Menschen als staunenswerte und bewunderungswürdige Pflanze erschienen, die sie verehrten und heilig hielten. Der Baum war ihnen nicht nur deshalb wichtig, weil er Holz schenkte und die verschiedenartigsten Früchte, weil man in seinem Schatten sitzen und sich vor der sengenden Sonne schützen konnte, sondern weil man in ihm den Inbegriff des Lebens sah. Er war immerzu jung, er hörte nicht auf, weiterzuwachsen und fruchtbar zu sein. Seine Kräfte schienen sich immer zu erneuern, er war im Winter scheinbar ohne Leben, aber im Frühling erwachten seine Lebensgeister wieder. Seine Zähigkeit und sein Lebenswille waren staunenswert: Er wandelte sich zwar dauernd, aber er blieb sich treu.

Es mag sein, daß die Menschen sich gewünscht haben, manche Eigenschaften des Baumes selbst zu haben. So fest in einem tragenden Grund verwurzelt wollten sie sein, so hochaufgerichtet mit einem starken Stamm wollten sie in der Welt stehen, so ausgreifend mit den Ästen und nach oben gerichtet mit einer mächtigen Krone wollten sie sich behaupten. Aber diese innere »Verwandtschaft« mit dem Baum war es wohl nicht allein, die dem Baum seine numinose Besonderheit verliehen hat.

Hinter all den verschiedenartigen Bäumen hat man ganz sicher das »Urbild« eines Baumes geahnt. In ganz unterschiedlichen Kulturen wird die Vorstellung von einem Lebensbaum überliefert. Er ist der Inbegriff unerschöpflicher Lebenskraft, das eigentliche Zentrum, von dem das Leben herkommt und sich erneuert. Er steht in der Mitte der Welt, seine Wurzeln reichen in die Unterwelt, er wird gespeist vom Lebenswasser, seine Krone geht in die höchsten Sphären, bis zum Himmel. Er trägt gleichsam die ganze Welt und bildet die »Achse«, um die sich alles dreht.

Sephirot-Baum

Im »Buch Sohar«, einem berühmten Werk der Kabbala, wird folgendes Wort überliefert: »Der Heilige ist ein großer, mächtiger Baum, dessen Wipfel den Himmel berühren und dessen Wurzeln in der heiligen Erde festsitzen.« Dieser Weltenbaum ist gewissermaßen das Grundmodell der Schöpfung, alle Urkräfte und Ursubstanzen finden sich darin vor. Aber in diesem geheimnisvollen Baum gibt sich auch der unfaßbare Gott zu erkennen: Er kommt dem Menschen näher, eröffnet etappenweise bestimmte Aspekte seines Geheimnisses. Die jüdische Mystik unterscheidet zehn Urpotenzen, die zehn Sephirot, in ihnen wird die göttliche Schöpferkraft dem Menschen erfahrbar, sie kommt ihm auf gnädige Weise entgegen. Jede Sephira hat einen besonderen Namen, der die jeweilige Kraft und Wirksamkeit kennzeichnen soll. Weisheit und Verstand, Gnade und richtende Gewalt kommen jeweils in einem Ast des Weltenbaums zur Erscheinung. Mütterliche und väterliche Grundkräfte wirken sich aus, die phallische Zeugung und das weibliche Empfangen. Die zehnte Sephira, ganz un-

ten lokalisiert, ist der Ort, in den sich alle früheren Potenzen verströmen. Sie heißt »Malchut« – das Gottesreich auf Erden, wird aber auch »Schechina« genannt – die Einwohnung Gottes in seiner Schöpfung.

Ernst Steiner hat den Sephirot-Baum als Dornenstrauch gestaltet. Sein Geäst ist vielfältig untereinander verbunden, immer wieder kreuzen sich die Zweige und ergeben ein lebendiges Geflecht. Der Strauch hat etwas Schwebendes, man hat den Eindruck, als käme er aus dem sternengesprenkelten Weltall und wäre auf der Suche nach einem Erdboden, in den er einwurzeln könne. Die zehn Kraftpunkte erscheinen als aufgeblühte Rosen, aber der Baum wächst weiter und weitere Rosen kündigen sich an. – Seine besondere Lebendigkeit bekommt der Dornstrauch dadurch, daß er in seinem Hauptstamm drei Augen hat: Er schaut den Betrachter an.

Der Dornbusch, auf den Mose in der Wüste stieß, brannte. Dieser hier, blüht. Aber auch er spricht: Hier ist ein heiliger Ort, zieh' deine Schuhe von den Füßen!

Auch in manchen Märchen ist noch eine Erinnerung an diesen urtümlichen Lebensbaum bewahrt worden. Da klettert ein Hirte auf einen riesigen Baum, den er plötzlich entdeckt hat, tagelang hinauf und gelangt in andere Reiche, in denen alles aus Kupfer, aus Silber und Gold besteht. Und nachdem er wieder heruntergestiegen ist, ist er zum Helden geworden, der die Königstochter aus dem Glasberg befreien und selbst König werden kann.

Das Hinaufklettern auf den riesigen Baum ist wohl noch eine Erinnerung an die Initiationsriten, die zur Vorbereitung auf das Leben des Erwachsenen vollzogen werden mußten. Aber man kann auch an die Schamanen denken, die bei ihrer Vorbereitung und Einweihung andere Bereiche kennenzulernen hatten, auf große Höhen steigen, auf kosmische Bäume klettern, durch himmlische Sphären fliegen, um dadurch geheime Kenntnisse der Welt zu erfahren und fähig zu werden, ihre heilenden und lenkenden Aufgaben zu bewältigen.

Der Baum – gerade der alte und hochgewachsene – muß den Menschen aber auch als Wohnung der Götter erschienen sein. Die Griechen haben in jedem Baum eine Nymphe, eine Dryade, verehrt, die Nymphe Daphne war in einen Lorbeerbaum verwandelt worden.

Wir sollten das nicht banal verstehen. Im Baum war man mit einem staunenswerten Phänomen konfrontiert, das zur Ehrfurcht aufrief. Im Baum offenbarte sich eine Mächtigkeit und Lebenskraft, die über sich hinauszuweisen schien. Und wenn man behutsam und einfühlsam mit den Bäumen umging, dann konnte man sie »sprechen« hören: Sie raunten und flüsterten, trösteten und hatten offenbar eine geheime Kunde weiterzugeben. Das führte dazu, daß man z.B. im Zeusheiligtum in Dodona eine heilige Eiche verehrte. Der Orakelpriester horchte auf das Blätterrauschen des Baumes und versuchte daraus die Antwort zu erlauschen, die der Bittsteller auf seine Frage erhoffte. Der Baum sollte zur Erkenntnis verhelfen, er war das Medium, durch das die Gottheit den Menschen Weisheit und Erleuchtung schenken konnte.

Die Mythen haben manche dieser Baumgeschichten und Baumträume festgehalten und weitergegeben. Der Göttin Hera gehörte ein Baum, dessen Früchte die wunderbare Gabe hatten, ewiges Leben und fortdauernde Jugendschönheit zu gewähren. Allerdings wurde dieser Baum von den Hesperiden bewacht, und es war äußerst schwierig, ihn zu erreichen. Es gehört ja zu den großen Sehnsüchten des Menschen, ein Heilmittel gegen den Tod zu finden.

Denken wir nur an die Paradiesgeschichte: Hier ist ja auch vom Lebensbaum und vom Baum der Erkenntnis von Gut und Böse die Rede. Aber der Mensch wird aus diesem Garten vertrieben, weil er nach der Frucht greift, die ihm (noch) vorenthalten war. Dann wird aus dem Lebensbaum ein Todesbaum, seine Früchte erweisen sich als tödlich, obwohl sie doch ewiges Leben verheißen hatten.

Aber die Sehnsucht nach dem lebenspendenden Baum ist geblieben. Von der himmlischen Stadt, dem neuen Jerusalem, berichtet die Offenbarung des Johannes: »In der Mitte zwischen der Straße und dem Strome stehen überall Lebensbäume, die tragen zwölfmal Frucht: von Mond zu Mond spenden sie ihre Frucht, und die Blätter der Bäume dienen zur Gesundung der Völker« (Offenbarung 22,2). Diese Verheißung mag auch dazu beigetragen haben, daß wir die Bäume so lieben und ihre Krankheitssymptome mit Sorge betrachten. Auf den Bäumen liegt ein Segen, ruht auch eine Hoffnung. Wir haben sie nötig, nicht nur aus materiellen Gründen, sondern deshalb, weil sie die Hoffnung aufrecht erhalten, das Paradies sei nicht endgültig verloren.

Die Rose

Keiner wird bestreiten können, daß die Rose zu den schönsten, zu den faszinierendsten Blumen gehört. Manche Arten haben einen betörenden Duft, der Formen- und Farbenreichtum ist überwältigend. So ist es nicht verwunderlich, daß für viele Blumenfreunde die Rose über allen anderen Blumen steht. Und trotzdem verstehe ich nicht ganz, daß um die Rose ein wahrer Kult getrieben wird.

Die Rose muß schon den Menschen der frühen Kulturen wie ein Wunder vorgekommen sein. Daß in einer Wüstenei aus einem unscheinbaren Dornengestrüpp eine so makellose Blume hervorwächst, konnte nicht mit rechten Dingen zugehen. Die unscheinbare Staude bringt etwas Vollkommenes hervor, wie soll das verstehbar sein? Und daß diese Blume nicht nur schön anzusehen ist, sondern auch noch einen Duft verströmt, der mit keinem anderen Duft verglichen werden kann, macht ihren zusätzlichen Zauber aus.

Merkwürdig ist aber nun, daß dieselbe Rose so unterschiedlich gedeutet wird; für die gegensätzlichsten Positionen wird sie in Anspruch genommen. Einerseits ist die Rose die Blume der Göttin Aphrodite. Damit verbindet sich der Gedanke an eine unwiderstehliche Verführungskraft, eine überwältigende Sinnlichkeit, an die Leidenschaft und Raserei der Liebe. Das kann ich sehr gut nachvollziehen. Dann aber wird die Rose als der Inbegriff der Keuschheit in Anspruch genommen, sie ist auch die Blume Mariens, Sinnbild der Jungfräulichkeit. Das paßt doch nicht zusammen.

Hier wird – einmal wieder – deutlich, daß die Symbole keine Eindeutigkeit haben, man kann sie nicht systematisieren und auf eine einzige Ebene festlegen. Je nachdem, welcher Aspekt betrachtet wird, kann auch ihre Bildsprache divergierend sein. Bedenkt man die spitzen Dornen des Rosenstrauches, dann kann man schon nachvollziehen, daß die Rose geschützt werden soll vor dem schnellen Zugriff, daß sie also als Inbegriff der verborgenen Schönheit verstanden wird, die sich nicht preisgibt. – Aber die voll erblühte Rose verströmt auf verführerische Weise ihren Duft und verwirrt alle, die ihren Wohlgeruch wahrnehmen: So wird plötzlich die Rose zur sinnlichen Liebesblume, der man nicht widerstehen kann. Wird die Rose »gebrochen«, dann ist das eine blumige Umschreibung dafür, daß ein Mädchen zur Frau gemacht wird, daß sie geschlechtlich erweckt wird.

Merkwürdigerweise gilt die Rose aber auch als Symbol der Verschwiegenheit.

Es hat sich die Gewohnheit eingebürgert, wenn jemand einem anderen etwas sagt, das geheim bleiben soll, er es »sub rosa« sagt, unter der Rose. Vielleicht hat man die geschlossene Blüte als Sinnzeichen geschlossener Lippen, eines »versiegelten Mundes« gedeutet. – Aber bekanntlich bleibt eine Rosenblüte ja nicht in der Knospenform: Sie entfaltet sich, gibt ihr Inneres preis, erblüht zu ihrer ganzen Schönheit, um dann allmählich zu verblühen und zu welken. Deshalb ist die Rose zwar immer als Inbegriff der Schönheit, aber auch der Verletzlichkeit und Vergänglichkeit angesehen worden. In der Rose wohnt der Tod, auch das Schöne ist sterblich. Der Zerfallsprozeß kann nicht aufgehalten werden.

Um so mehr verwundert mich, daß die gleiche Rose dennoch zum Sinnbild der Ewigkeit werden konnte. Es leuchtet unmittelbar ein, daß sie in ihrer vergänglichen Schönheit Freude und Trauer auslöst, aber ewig blüht sie nun einmal nicht.

Vielleicht müssen wir die Sehnsucht nach der ewig blühenden Rose in einem Zusammenhang stellen mit der Sehnsucht nach dem Paradies. Es gibt Rosen, die wirklich am ehesten das Vollkommene und absolut Wohlgestaltete darstellen können. Deshalb erwacht der Gedanke auf die Ewigkeit, an die Auferstehung und die erfüllte Schöpfung. Und wenn auch die einzelne Rose dem Verwelken nicht entgeht, bleibt doch die Hoffnung auf eine unvergängliche Schönheit.

Es gibt ja auch die Vorstellung von der »mystischen Rose«. Ist das die Rose ewiger Vollendung?

Für die Alchimisten war die Rose das ersehnte Zeichen der Weisheit. »Rosarium« war das Werk der Verwandlung des Unedlen ins Kostbare. Und die Rosenkreuzer setzten die Rose in den Mittelpunkt des Kreuzes, was ja wohl auch bedeutet, daß aus dem Kreuz, das oft als Todeszeichen verstanden wurde, ein Lebenszeichen wird. Das Kreuz blüht auf und wird zum Lebensbaum, die Rose ist zum Inbegriff des neuen Lebens geworden, zur verwandelten Schöpfung.

Dann könnte man wohl auch die großen Radfenster, die in ihrer »Rosettenform« große Rosen sind, als Sinnbilder dieser ewigen Rosen begreifen, die schon auf das Reich Gottes hinweisen.

Auch das Gottesreich ist als wunderbarer Rosengarten dargestellt worden, aus dem niemand vertrieben wird. Jetzt endlich können die Rosen blühen, ohne daß sie verblühen. – Vielleicht ist es die unbeschreibliche Eigenart dieser Blume, die dazu geführt hat, sie zur mystischen Blume schlechthin werden zu lassen. Rainer Maria Rilke charakterisiert sie als »unerschöpflichen Gegenstand« und ist vor allem von ihrem Duft verzaubert:

»Seit Jahrhunderten ruft uns dein Duft
seine süßesten Namen herüber.«

Für mich ist das schönste und gültigste Rosengedicht der Zweizeiler von Angelus Silesius, der vor
allem heraushebt, daß die Rose ihre unbeschreibliche Schönheit nicht aus Eitelkeit vorzeigt, sondern
sie einfach »hat«.

»Die Ros ist ohn warum, sie blühet, weil sie blühet,
Sie acht' nicht ihrer selbst, fragt nicht, ob man sie siehet.«

»Lernt von den Lilien«

Matthäus 6,28

Längst habe ich es gemerkt: Ich brauche neue Lehrmeister,
meine Augen haben noch immer nicht das Schauen gelernt,
wie hilflos sind die Ohren, wenn ich an die Klangfülle denke,
die sich im Verborgenen ankündigt.
So schau ich den Blumen zu,
wie sie sich ganz ins Blühen geben,
dem Licht der Sonne geöffnet, bis ins Innere aufgetan.
Ich horche auf die Lieder des Windes,
welcher Lobgesang ist da hineingemengt.
Die Meereswellen hören nicht auf, zum Ufer zu branden.
Ihr Rhythmus ist wie eine bleibende tröstliche Psalmodie.
Ohne zu ermüden, wandeln die Wolken unaufhörlich ihre Form,
manchmal geruhsam, manchmal wie gejagt.
Ihr Wechselspiel erprobt die neuen Muster der Schöpfung.
Ich schaue den Regentropfen zu,
sie netzen die Erde, sammeln sich in Pfützen.
Das Glucksen und Plätschern ist eine Melodie des Lebens.
Unzählige Schneeflocken tanzen vom Himmel,
nicht zwei gibt es unter ihnen, die sich völlig gleichen.
Ich werde hineingenommen in ihren Reigen.

Hat nicht das Gackern der Hühner und das wilde Hundegebell
Anteil am großen Konzert der Schöpfung?
Den Pfauenschrei kann ich hören,
der Ton der Fledermaus bleibt meinem Ohr verborgen.
Wenn ich aufmerksam bin,
hör ich das Rascheln des Igels im Herbstlaub,
ich bin noch ein Anfänger im Aufhorchen,

die Sphärenharmonie der Sonnen und Planeten
ist mir noch unzugänglich.
Aber ich habe mir endlich
neue Lehrmeister gesucht.

Lebensgarten

Ein Jüngling besaß vor der Stadt einen Garten von solcher Pracht, daß man hätte glauben können, das Paradies sei dort auf die Erde gefallen. Kein Fürst besaß jemals ein derartiges Juwel! Da gab es Rosenhecken und Spaliere von Fruchtbäumen aller Sorten, Samtwiesen, von Bächen durchflossen, und stille Teiche, in denen junge Zypressen wie aus Smaragd und mit Turteltauben auf ihren Ästen sich spiegelten«, so erzählt es der persische Dichter Nizami in einer seiner Dichtungen.

Man könnte meinen, Ernst Steiner hätte diesen Text ins Bild umsetzen wollen. Eine Vierung, ein bergendes Quadrat ist dieser Lebensgarten. Was darin wächst, ist geschützt und kann gehegt werden. Die Pflanzen sind wahrlich traumhafte Gebilde, die köstlichen Blumen wuchern zu phantastischen Gestalten, so daß man nicht genau weiß, sind sie noch von pflanzlicher oder seetierischer Art oder verbergen sich gar engelhafte Wesen darin. Alles scheint sich weiter zu entfalten, befindet sich in einer Metamorphose. Als Früchte leuchten Edelsteine auf, aber manche entpuppen sich als Augen. Wen schauen sie an?

Solche paradiesischen Gärten sind bedroht. Die Wüste kann weiterwachsen und den gewonnenen fruchtbaren Bereich wieder verdorren lassen. Das lebendige Wasser kann versiegen, dann ist es mit dem Blühen vorbei. Der Neid der Nachbarn kann geweckt werden, so daß eine Zerstörungsorgie einsetzt. Das Kostbare ist versehrbar, alles Schöne ist gefährdet. – Außerhalb des Gartens breitet sich der Tod aus; ob der Fruchtgarten bewahrt werden kann?

In unseren Träumen begegnen wir manchmal derartigen Gärten: Wie sehr haben wir solche Träume nötig! Wir bekommen gesagt, daß es nicht nur Verwüstung und Verderben gibt und daß der Tod nicht das letzte Wort haben muß. Wir dürfen wieder Kinder sein und in einem Wonnegarten spielen. Novalis verstand den Traum als »göttliche Mitgabe« und als »freundlichen Begleiter« auf unserem Lebensweg. Eine andere Seite des Daseins meldet sich, die nicht von der nüchternen Logik bestimmt ist. Novalis schreibt: »Mich dünkt der Traum eine Schutzwehr gegen die Regelmäßigkeit und Gewöhnlichkeit des Lebens, eine freie Erholung der gebundenen Phantasie, wo sie alle Bilder des Lebens durcheinander wirft, und die beständige Ernsthaftigkeit des erwachsenen Menschen durch ein fröhliches Kinderspiel unterbricht.«

Wer möchte nicht zu einem solchen Traum-garten hinwandern, wie ihn Ernst Steiner gemalt hat. Oder ist das eine Flucht in eine illusionäre Welt, weil wir die Realität nicht aushalten? Aber dieser imaginäre Bezirk ist ja in den Tiefen unserer Seele angepflanzt, dort läßt er sich finden.

Wir bekommen eine Kraft geschenkt, die auch noch vorhält, wenn wir erwacht sind. Aber wir erkennen auch: Ein Garten muß gepflegt und behütet werden, wenn er ein Lebensgarten bleiben soll.

Der Garten

In der Renaissance und im Barock war es ein beliebtes Motiv der Maler, eine »ideale Landschaft« darzustellen. Meist waren es verwegene steile Küsten und wilde Felsabstürze, aber trotzdem waren die Maler darum bemüht, in ihr Bild eine ordnende Struktur zu bringen. Es war ein Stück freie und ungezähmte Landschaft, und doch war es auch ein Garten, in dem man Tiere jagen oder im See baden konnte, Früchte gab es in Fülle – und vor allem, man konnte sich einfachhin wohlfühlen. Ist der Garten eigentlich der »ideale Ort« des Menschen?

Die Maler machen uns ja deutlich, daß man sich unter einer idealen Landschaft sehr Verschiedenartiges vorstellen kann. Manche haben idyllische Plätze eingefangen, keine dramatischen Landschaften, sondern geschützte Orte, wo man der Muße pflegen konnte, wo es einen Tanzplatz und schattige Haine gab. Ich glaube schon, daß das Bild vom Garten zu den großen Sehnsuchtsbildern des Menschen gehört. Es ist ja kein Zufall, daß überall in der Welt und zu allen Zeiten Gärten angelegt worden sind, in denen sich diese Sehnsucht ausdrückte.

Bei aller Verschiedenartigkeit: Gibt es auch Gemeinsamkeiten, die überall und immer wieder beobachtet werden können?

Die Sehnsüchte der Menschen sind ja nicht genormt, und wenn man die unterschiedlichen Klimata bedenkt, dann läßt sich unschwer erkennen, daß sich ein Eskimo einen anderen Garten ausmalt als ein Bewohner heißer Zonen, daß die Steppe andere Hoffnungsbilder aufsteigen läßt als der Urwald. Und heute träumt der Großstädter sicher auch andere Sehnsuchtsbilder als ein Bewohner eines kleinen abgelegenen Dorfes. – Und trotzdem werden sich die Bilder doch wieder ähneln. Ein Garten ist für uns ja ein behüteter und gehegter Bereich, der durch einen Zaun oder eine lebende Hecke von der übrigen Landschaft getrennt ist. Der Gartenbesitzer möchte gerne unbeobachtet sein, aber selbst die umgebende Landschaft einsehen können. – In gewisser Weise soll der Garten eine Welt im kleinen sein. Es sollen darin Bäume wachsen und Sträucher, Blumen und Kräuter. Verschlungene Wege führen zu Teichen und versteckten Hainen, ein Hügel hat einen Aussichtspunkt, eine Talsenke bietet aber auch ein Versteck vor neugierigen Blicken.

Für uns sind ja Gärten in erster Linie Nutzgärten, die sorgsam angelegt sind und deren Beete Gemüse und Gewürzpflanzen tragen sollen, natürlich auch Früchte und Blumen, aber sie sind doch eher Arbeitsorte, selbst wenn die Arbeit eine andere Form der Erholung sein mag, weil die Gartenarbeit ein Ausgleich zu unserer üblichen Tätigkeit darstellt.

Solche Nutzgärten gab es natürlich immer, jedoch zum Inbegriff des Gartens gehört doch der sinnvolle, aber zweckfreie Bereich der gehobenen Geselligkeit: Hier wird gespielt, musiziert und getanzt, es ist ein Ort des Friedens und des Glücks, wo es natürlich auch Früchte in Fülle gibt, wo Erfrischungen gereicht und Wünsche gestillt werden.

Sind das nicht eher die Träume von einem Schlaraffenland, in dem einem die gebratenen Tauben in den Mund fliegen und wo die Springbrunnen köstlichen Wein spenden?

Wer will da pedantisch unterscheiden? Aber richtig ist schon, daß der Garten immer der »wilden« Natur abgerungen ist. Das Chaos muß gebändigt werden, es muß Ordnung einziehen, damit sich die Natur zwar noch entfalten kann, aber wohlüberlegt und nach planmäßigen Vorstellungen. Und ein Garten ist immer auch gefährdet: er kann verwahrlosen und überwuchert werden, so daß seine Ordnung wieder verschwindet. Er kann von außen zerstört werden oder man wird daraus vertrieben.

Wenn wir schon die Vertreibung ansprechen: Der Garten ist ja auch ein religiöses Symbol. Die Bibel erzählt, daß der Mensch in den Paradies-Garten gesetzt wurde, daß er aber daraus wieder vertrieben wurde, weil er sich gegen das göttliche Gebot vergangen hatte.

Mir scheint, daß wir hier ein Urtrauma vor uns haben: Die unterschiedlichsten Religionen und Überlieferungen berichten nämlich von einer Urschuld der ersten Menschen, so daß sie aus dem Ort der Seligkeit und des Glücks vertrieben wurden. Es ist wie eine gemeinsame unterschwellige Erinnerung der Menschheit von einem beseligenden Zustand am Anfang, der aber eingebüßt wurde. Und nun ist nur noch die Sehnsucht nach dem verlorenen Wonnegarten geblieben – und die Hoffnung, daß dieses Paradies irgendwann wieder zugänglich werden könnte.

Man könnte sagen: Die ersten und letzten Seiten der Bibel handeln vom Paradies. Die ersten Kapitel der Genesis berichten vom Garten Eden und der Schuld der ersten Menschen, die die Vertreibung zur Folge hat. Die letzten Abschnitte der Johannesoffenbarung künden vom himmlischen Jerusalem, einer »Gartenstadt« mit dem Lebenswasser und den Lebensbäumen. Kann man vielleicht sagen, daß die vielen Gärten, die wir anlegen, ein Versuch sind, das verlorene Paradies wieder zu gewinnen – oder das neue Jerusalem schon vorwegzunehmen?

Im Mittelalter können wir beides finden: einmal erscheint auf vielen Bildern der »Rosenhag«, das »Paradiesgärtlein«, es sind Darstellungen einer wunderbar quellenden

Natur, Gärten der Fülle, in denen häufig Maria sitzt und ihr Kind auf dem Schoß hat. Diese Bilder wollen darauf hinweisen, daß mit dem Kommen des Messias das Paradies wieder nahegekommen ist. – Andererseits gibt es aber auch Darstellungen und poetische Schilderungen eines »irdischen Paradieses«, bei denen es nicht um religiöse Allegorien geht, sondern um eine ganz irdische Sinnenfreude. – Aber auch die Gärten bei den Schlössern und Klöstern konnten sowohl eine irdische Labsal *und* eine Erinnerung an das verlorene Paradies sein, konnten das Herz erfreuen und gleichzeitig auf das künftige Paradies der Endzeit hinweisen. Als Alkuin sich von seiner klösterlichen Zelle verabschiedete, weil er andere Aufgaben übernehmen sollte, schrieb er ein Abschiedslied, in dem es heißt:

> »… Es rauscht um dich ein Baum mit seinen Zweigen,
> Ein blütenreicher Hain muß sich dir neigen,
> Und auf den Wiesen blüht heilkräftig Kraut,
> Woraus der Arzt den Trank zur Heilung braut…
> Dir duften Äpfel zu von jedem Baum,
> Rosen und Lilien in des Gartens Raum…«

Die Mariendichtung ist umrankt von der Gartensymbolik, wobei vor allem die wunderbar lebensfrohe Bildsprache des Hohenliedes Pate gestanden hat.

> »Du bist der verschlossene Garte,
> den Gott selber bewahrte.«

> »Du bist der süße Gartenbronn,
> der da fließt vom Libanon.«

Zu den berühmtesten mittelalterlichen Dichtungen gehört der »Rosenroman« des Guillaume de Lorris aus dem ersten Drittel des 13. Jahrhunderts. Wie kann man sich die Bildsprache dieser Dichtung erklären?

Hören wir zunächst einmal ein Stück dieses Rosenromans, um einen Eindruck von der allegorischen Bilderfülle zu bekommen.

> »Nachdem ich ein Stück weit gegangen war, erblickte ich einen großen, weiten Garten, der von einer hohen, burgartigen Mauer eingeschlossen war…

Die Mauer war hoch und viereckig; wie eine Hecke schloß sie einen Garten ein, den niemals ein Hirte betreten hatte. Der Garten lag in einer wundervollen Gegend. Wenn mir da jemand Zutritt gewähren wollte mit Hilfe einer Leiter oder einer Treppe, ich wäre unendlich dankbar. Kein Mensch, dachte ich, erlebte je solches Übermaß an Freude und Lust, wie es dieser Garten zu Genusse bot... Niemals gab es einen Ort, der so reich an Bäumen und singenden Vögeln war... Die ganze Welt muß sich darüber freuen... Mich drängte, die Vögel zu belauschen, die in dem Garten die schwelgenden Tänze der Liebe anstimmten und die zarten, lieblichen Weisen höfischer Minne aufspielten.«

Im Rosengarten dieser Dichtung haben wir das Ideal eines Liebesgartens vor uns. Wenn uns schon das Paradies der Urzeit verschlossen ist: Im höfischen Liebesspiel kann am ehesten eine Ahnung des Wonnegartens verspürt werden. Der Ich-Erzähler gelangt jedenfalls in den Garten hinein:

»Als ich eingetreten war, fühlte ich mich fröhlich und glücklich; ich glaubte im irdischen Paradiese zu sein. Der Ort war von himmlischer Schönheit, und – wie ich damals glaubte – vermochte kein Paradies solches Glück zu bieten, wie dieser Garten, der mir so gefiel.«

Aber der Garten ist kein Zaubergarten, sondern eine Liebesschule, wo auch die Regeln des Liebesspiels gelehrt werden. An der Rose, der noch nicht aufgeblühten jungen Dame, muß er sich bewähren und seine Exerzitien ablegen.

Ist dieser Garten nicht ein sehr weltfernes illusionäres Gespinst? Hier wird ein ununterbrochenes Fest gefeiert, und alles, was als unpassend empfunden wird, das schließt man aus der Gemeinschaft aus.

Natürlich ist dieser Liebesgarten ein Traumgebilde. Aber vielleicht kommen wir in unserer Welt nicht aus ohne imaginäre Phantasien. Immerhin kommt darin auch die Sehnsucht zum Ausdruck, mit der Natur in Einklang zu stehen, die Wahrnehmungsfähigkeit für alles Schöne in Natur und Kunst zu fördern und zu schulen. – Wir brauchen ja nur in einen gepflegten Garten zu treten, um etwas von dem Zauber hoher Gartenkultur zu spüren. Und es mag uns manchmal so gehen, daß wir den Eindruck haben, diesen Park eigentlich schon zu kennen, weil sein verborgenes Urbild in uns wohnt. Der Garten in uns und der reale Garten, der von Gärtnern verwirklicht wurde, stehen in einem seltsamen Zusammenhang.

Vor allem manche französischen Gärten sind ja der Inbegriff von Ordnung und Harmonie: Nichts ist dem Zufall überlassen, alle Wege sind planvoll angelegt, die Hecken und Haine, der See und die Fontäne in der Mitte, sie gehorchen einem strukturierenden Willen. – Ist da nicht zu viel menschlicher Eingriff zu spüren, so daß die Natur vergewaltigt wird?

Die Gärten des Barock und des Rokoko haben ihre Spielfreude, man spielt auch mit der Landschaft, mit den Bäumen und Büschen. Dahinter aber steht ein anderer Gedanke: Man möchte eine Ordnung sichtbar machen. Der Mensch drückt der Natur sein Gepräge auf, damit eine bestimmte Sehnsucht nach harmonischer Zuordnung gesehen, durchschritten, bewohnt werden kann. Viele Gärten haben ja eine erstaunliche Ähnlichkeit zu einem Mandala, das begangen werden kann. Wenn wir in unserer Welt schon so viel Unordnung haben, wenn auch die Seele sich selbst als chaotisch empfindet, voller Unruhe und Zerrissenheit, dann kann vielleicht der wohlgeformte Garten dazu beitragen, uns etwas mehr Frieden und heilsame Ordnung zu vermitteln.

Und wie steht es mit dem heutigen Menschen? Auch der ist ja von Unruhe getrieben und sehnt sich danach, eine verläßliche Mitte zu finden. Sollen wir wieder französische Gärten anlegen?

Jede Zeit hat ihre eigenen Möglichkeiten und Methoden, dem leeren Getriebe zu entgehen und wieder »Form« in die menschliche Existenz zu bekommen. Aber ganz sicher brauchen wir Rückzugsorte, die Ruhe ausstrahlen und uns in einen organischen Rhythmus hineinnehmen. In jeder Stadt stehen uns Gärten, Friedhöfe, Parks offen, Bereiche, die noch nicht bis ins letzte vernutzt und verzweckt sind. Wenn wir diese Angebote dankbar annehmen, können wir auch heute noch die heilsame Wirkung der Gärten verspüren. Da können wir den Vögeln zuhören, uns im Horchen einüben, das Wachstum der Pflanzen beobachten. Vor allem können wir uns besinnen und zu uns selbst kommen. Aber noch viel fruchtbarer und wirksamer ist es wohl, wenn wir selbst einen Garten haben (wenn es auch nur ein kleiner ist), den wir gestalten können.

Vorhin haben wir gesagt, der Garten sei eine Welt im kleinen. Kann man nicht auch sagen, der Garten spiegele den menschlichen Leib, in ihm könne der Mensch sich gleichsam selbst begegnen?

Das ist vielleicht eine der tiefsten Dimensionen der Gartenkultur: Das Außen und das Innen stehen in einem innigen Zusammenhang. Wer einen Garten anlegt, der extrapoliert in gewisser Weise sein Inneres in die sichtbare Gestalt, er entwirft ein Hoffnungsbild von sich in das Stück Landschaft, das vor ihm ist. Und wenn Menschen einander entdecken, vor allem bei einer Liebesbegegnung, dann ist einer für den anderen der geheimnisvolle

Garten, der erforscht und gepflegt werden kann. Am schönsten hat das Hohelied im Alten Testament diesen Vorgang eingefangen:

»Ein verschlossener Garten ist meine Schwester Braut,
ein verschlossener Garten, ein versiegelter Quell.
Ein Lustgarten sproßt aus dir,
Granatbäume mit köstlichen Früchten,
Hennadolden, Nardenblüten,
Narde, Krokus, Gewürzrohr und Zimt,
alle Weihrauchbäume, Myrrhe und Aloe, allerbester Balsam.
Die Quelle des Gartens bist du,
ein Brunnen lebendigen Wassers, Wasser vom Libanon.
Nordwind, erwache! Südwind, herbei!
Durchweht meinen Garten, laßt strömen die Balsamdüfte!
Mein Geliebter komme in seinen Garten
und esse von den köstlichen Früchten! –
Ich komme in meinen Garten, Schwester Braut;
ich pflücke meine Myrrhe, den Balsam,
esse meine Wabe samt dem Honig,
trinke meinen Wein und die Milch..«

Hoheslied 4,12-5,1

Die Burg auf dem Berge

Sehnsüchte halten uns lebendig. Irgendwann stehen traumhafte Bilder in unserem Inneren auf und werden zu Zielen, die wir ansteuern müssen. Es hält uns nicht mehr in den vorgespurten Bahnen, ein abenteuerliches Element muß in unser Leben, damit nicht der ganze Elan verfliegt und die Begeisterungsfähigkeit verloren geht.

Aber ist das nicht eine fragwürdige romantische Marotte, die uns nur zu illusionären Ausflügen ins Niemandsland verlockt? Wir leben nicht mehr im Zeitalter der Ritter, die sich in Zweikämpfen und Turnieren bewähren mußten und bei denen die »Queste«, die Suchwanderung, zu ihrem Berufsideal gehörte.

Es ist merkwürdig: Auch völlig veränderte Lebensbedingungen und Gewohnheiten haben die alten Bilder nicht zum Erlöschen gebracht. Wir brauchen nur bei einer Wanderung auf eine Burgruine zu stoßen, sie mag noch so zerfallen sein, so erwacht eine geheime Sehnsucht nach ritterlicher Lebensart und nach den Bewährungsproben einer längst untergegangenen Welt. Zum menschlichen Dasein scheint nun einmal ein Schuß Abenteuer zu gehören, das Unterwegssein der Bewährung, die Suche nach dem verborgenen Schatz. Es kann doch nicht jeder Tag wie der andere verlaufen, irgendwo muß das Geheimnisvolle noch zu finden sein.

Für den ritterlichen Menschen des Mittelalters war die Gralsburg der Inbegriff der menschlichen Sehnsucht. Sie war auf keiner Karte eingezeichnet, konnte nicht gewaltsam erobert werden. Wer aber berufen war und die Strapazen der höfischen Zucht und der abenteuerlichen Queste auf sich nahm, dem konnte die Gnade zuteil werden, sie zu finden. Dabei konnte keiner genau sagen, was der Gral wirklich war, ein Edelstein, eine goldene Schale, ein Kelch? Er hatte große Leuchtkraft, war Mittler himmlischer Botschaften und Spender kostbarer Speisen und Getränke. Und wer den Gral anschaute, konnte zu einem neuen Leben erwachen.

Es konnte geschehen, daß ein Ritter ganz in die Nähe kam, wo die Gralsburg mit Händen zu greifen war, daß er aber wie Gawain einschlief und die Teilnahme an der Gralsliturgie verpaßte. Der Gral hatte zwar eine Heilkraft, er war aber auch immer bedroht und mußte selbst gerettet werden. Als Parzifal eingelassen wurde, aber die rettende Frage nicht stellte, versäumte er die hohe Stunde, wurde nicht in die Gralsritterschaft aufgenommen, sondern mit Schimpf und Schande davongejagt.

Der Gral kann nicht eindeutig beschrieben werden, er entzieht sich einer verdinglichenden Objektivierung. Wie der »Stein der Weisen« ist er von großer Faszination, zieht magnetisch an, aber jeder erlebt dabei seine eigene Geschichte. Annähern kann man sich der Gralsburg, aber keiner kann sie in Besitz nehmen, sie ist immer das, was noch größer ist und noch weiter entfernt.

Ernst Steiner hat einen steil ansteigenden Berg in die Mitte seines Bildes gerückt. Wie eine unwirkliche Vision taucht er plötzlich auf. Während die unteren Bereiche noch der erfahrbaren Realität nahestehen, sind die höheren Regionen von einer Hoheit bestimmt, so daß sich jeder fragen muß, ob er sich zutrauen kann, dort hinaufzugehen. Auf der Spitze liegt die Gralsburg, rotleutend wie eine mit Edelsteinen besetzte Krone. Sie ist von einer geheimnisvollen Aura umgeben und die Andeutung eines Regenbogens strahlt hinter ihr auf.

Auf den beiden seitlichen Hügeln stehen Zypressen, Lebensbäume, die einander zugeneigt sind und wie ein Tor wirken, das zum Durchschreiten einlädt. Und weil der rechte Baum den gekreuzigten Christus darstellt, dürfen wir annehmen, daß wir aufgefordert werden, den Berg zu besteigen.

»Wer darf hinaufsteigen zum Berg des Herrn, wer darf stehen an seinem heiligen Ort?«,

so wird im Psalm 24 gefragt, und als Antwort wird gegeben:

»Die Menschen, die immer nach ihm suchen, die nach Gottes Antlitz verlangen, nach Jakobs Gott.«

Es führen Wege auf den Berg, aber es sind – wie beim Mandala – mehrere Tore zu durchschreiten, Mauern zu überwinden. Und weil der Berg immer steiler wird, ist anzunehmen, daß es auch immer mühsamer wird, die Höhe zu gewinnen.

Wie in den mittelalterlichen Gralsepen wird auf dem Bild die Sehnsucht nach der geheimnisvollen Burg als Ausdruck unserer religiösen Heilserwartung gedeutet. Wir brauchen die Bilder von der himmlischen Stadt und vom wiedererlangten Paradies, damit wir uns innerlich offen halten für das, was kein Auge gesehen und kein Ohr gehört hat, was noch in keines Menschen Herz gedrungen ist.

Blühen und Vergehen

Es ist ein Blühen in der Welt,
in tausend Formen und Farben kommt das Leben zum Vorschein,
kündigt sich Neues an, wird die Zukunft geprobt.
In den Düften kommt der Reichtum der Welt zu mir,
Honig wird gesammelt, es verdichtet sich die ganze Süßigkeit,
wie festlich präsentiert sich mir die Schöpfung.

Es ist ein Sterben in der Welt,
da vergilben die Blätter,
Pflanzen werden vom schleichenden Tod erfaßt,
in den Bäumen hockt die tödliche Krankheit,
in den Tieren sammelt sich Gift an.
Aber es kämpft ja immer das Leben mit dem Sterben,
wer Leben in sich spürt, muß dem Tod ins Auge schauen.

Wie vieles wartet noch in mir, was leben will,
ganze Landschaften meiner Seele lechzen danach, entdeckt zu werden,
ganze Regionen meines Leibes dämmern noch im Schlafzustand dahin.
Aber ohne den Tod ist das Leben nicht zu haben.
Vieles in mir muß sterben,
von vielem muß ich Abschied nehmen.

Ich möchte nicht zum schlechten Gärtner meines Daseins werden.
Was heraufkommen und blühen soll, das mag heranwachsen.
Was losgelassen werden muß, das will ich drangeben.
Ich möchte zustimmen, wenn sich das Leben meldet,

ich möchte zustimmen, wenn der Tod anklopft.
Seltsam, wie verschwistert Leben und Tod sind,
nah beieinander wie Wachen und Schlafen,
unauflöslich verbunden wie Tag und Nacht.

Die Burg und das Schloß

Als Kinder und Jugendliche waren wir fasziniert von den Burgen auf den Bergspitzen und an den Felswänden, selbst wenn nur noch ein paar Mauerreste übrig waren. Und die Anziehungskraft der Schlösser hat nicht nachgelassen. Offenbar haben wir alle eine geheime Sehnsucht, in einem Schloß zu wohnen und durch weite Gänge zu schreiten, in den Sälen Feste zu feiern und von den Türmen weit ins Land zu schauen. – Ist es eigentlich unser Wunsch, reich zu sein und im Luxus zu leben, der uns solche Träume eingibt?

Natürlich haben wir solche Sehnsüchte und Wünsche. Aber es ist ja gerade die Frage, was hinter solchen Träumen steht. Eine Burg ist ein geschützter Bereich, ein wehrhafter Ort, in den man sich zurückziehen kann, wenn man sich bedroht fühlt. Und ein Schloß ist ein Ort der Lebensfülle, wo kein Mangel herrscht und sich auch eine höhere Kultur der zwischenmenschlichen Begegnung entfalten kann. – Aber es ist charakteristisch, daß nicht jeder in die Burg hineingelassen wird, als Angreifer muß man lange kämpfen, um sie schließlich zu erobern. Und auch ins Schloß wird nicht jeder zugelassen, nur die geladenen Gäste, die standesgemäße Schicht, darf eintreten und sich an den festlichen Gelagen beteiligen.

Dann sind also diese prächtigen Bauten Ausdruck einer elitären Gesinnung: Der Adel und die Einflußreichen machen in ihrer Wohnkultur deutlich, daß sie erhaben sind über den normalen Sterblichen.

Vergessen wir aber nicht die Ursehnsucht jedes Menschen, in einer »hohen Burg« oder einem »festen Schloß« zu wohnen. Dahinter steht ja der Wunsch, sicher zu leben und Anteil an einem größeren und volleren Leben zu bekommen. Das Haus ist immer auch ein Symbol der menschlichen Existenz. Ist das »Haus unserer Seele« eine kümmerliche Hütte, dann kann sich der Geist nicht entfalten, er muß verkümmern und leidet darunter. Die Sehnsucht nach den großzügigen Treppenhäusern und weiten Sälen ist also auch Ausdruck unseres Verlangens, geistig einen weiteren Raum zu gewinnen und die eigene Enge zu übersteigen.

In einem Grimm'schen Märchen wird erzählt, wie ein junger Mann mit seinem Schiff zu einem mächtigen Schloß kommt. »Da stieg er ans Land, sah ein schönes Schloß vor sich liegen und ging darauf los. Wie er aber hineintrat, war es verwünscht; er ging durch alle Zimmer, aber sie waren leer, bis er in die letzte Kammer kam, da lag eine Schlange darin und ringelte sich.« *Was hat hier das Bild vom Schloß für eine symbolische Funktion?*

Es wird ja sehr anschaulich gesagt: die Räume waren leer, sie konnten nicht durchwohnt werden. Erst in der letzten Kammer ist jemand: aber es ist eine Schlange, die sich ringelt, also nicht aufgerichtet leben kann. Und nun erfährt der junge Mann, daß der ganze Schloßbezirk verwunschen ist, aber erlöst werden kann. Die Schlange ist eine Prinzessin, die darauf wartet, daß jemand kommt, sie aus dem Zauber befreit und ihr hilft, das Schloß wirklich zu bewohnen. Man könnte sagen, daß jeder Mensch erst erlöst und befreit werden muß, damit er in sein Haus, in das Gebäude seiner Person, einziehen kann. Das Wachstum unserer geistigen Kräfte und die Entfaltung der Möglichkeiten trägt dazu bei, daß wir allmählich das Haus unseres Daseins bauen. Und wenn es auch nicht gerade ein prachtvolles Schloß ist, dann freuen wir uns doch, wenn wir es »passend« finden und wir einen Bewegungsraum bekommen, der unserer Veranlagung entspricht.

Das hieße aber doch, daß wir den meisten Menschen zurufen müßten: bleibt in eurem Häuschen und vergeßt eure Träume von einem stolzen Schloß?

Eigentlich sind wir ja bei unserem Wachstumsprozeß nie am Ende, es steht immer noch etwas aus, wir können unentwegt noch unbelebte Kräfte in uns entdecken. So könnte man auch sagen: Unser Haus ist immer im Umbau, ein Teil kann verfallen, ein anderer wird ausgebaut, an manchen Stellen müßte es erweitert werden, damit wir nicht wieder in die Enge geraten. – Und wenn wir dann noch unsere göttliche Berufung bedenken, unser Stehen vor Gott, die Einladung, in einen Dialog mit dem Schöpfer einzutreten, dann merken wir noch mehr, wie kümmerlich das »Haus« unserer Person geblieben ist.

Aber gerade eine Betrachtung der religiösen Berufung des Menschen macht doch deutlich, daß er nur in einem vorübergehenden Haus wohnt, gewissermaßen in einer Behausung auf Abbruch, weil er ja in das endgültige Haus der »väterlichen Wohnungen« einziehen soll. Schließlich wird Gottvater ja als himmlischer Hausvater vorgestellt, der uns Wohnungen bereitet hat.

Zunächst sollten wir davon ausgehen, daß wir selbst unser Haus bestellen sollen. Man könnte sich ja auch das Bild vorstellen, daß das Reich Gottes die himmlische Stadt ist, gebildet aus all den Häusern, die wir bauen durften. Teresa von Avila hat die menschliche Seele mit einer Burg verglichen, »die ganz aus einem Diamant oder einem sehr klaren Kristall besteht und in der es viele Gemächer gibt«. Und dann führt sie aus, daß manche dieser Wohnungen oben gelegen sind, andere unten und wieder andere seitwärts und daß »ganz innen, in der Mitte all dieser Wohnungen, die allerwichtigste liegt: jene, wo die tief geheimnisvollen Dinge zwischen Gott und der Seele vor sich gehen«. Und obwohl es Teresa vor allem um diese geheimnisvolle Kammer geht, in der Gott uns einwohnen will, weist sie doch darauf hin, daß auch die anderen Kammern und Räume wichtig sind, weil schließlich der ganze Mensch wachsen und reifen soll. »Man lasse die Seele durch all diese Wohnungen wandeln, aufwärts und abwärts und nach den Seiten hin: denn Gott hat ihr eine so große Würde verliehen. Auch dränge man sie nicht dazu, lange Zeit in einem einzigen Gemach zu bleiben, nicht einmal in dem der Selbsterkenntnis… Glaubt es mir und fliegt zuweilen aus, um die Größe und Majestät eures Gottes zu betrachten.«

Das Bild von der Seele als wunderschöner Burg ist eindrucksvoll. Mir fällt dazu das biblische Bild von der »Stadt auf dem Berge« ein, die nicht verborgen bleiben kann. Widerspricht dieses Bild aber nicht eigentlich der christlichen Demut? Bekommt der Mensch nicht einen allzugroßen Stolz, wenn er an diese Kristallburg seiner Seele denkt?

Paulus sagt bekanntlich: »Durch die Gnade Gottes bin ich, was ich bin.« Das ist, wie mir scheint, ein Wort der Demut *und* der Selbstbewußtheit. Wir haben nichts aus uns, können uns deshalb auch auf nichts etwas einbilden. Aber es gibt eine Würde und eine Kostbarkeit unserer Person, die in uns ein Gefühl der Dankbarkeit und der Selbstgewißheit heraufruft. »Die Dinge der Seele muß man sich immer in Fülle und Weite und Größe denken«, sagt deshalb Teresa. Das ist durchaus mit der christlichen Demut vereinbar.

Nun sind wir von den Schloßbildern unserer Märchen zu den Visionen der Mystiker gesprungen. Dabei ist doch das Gebilde »Burg« und »Schloß« ein Produkt unserer Kultur und ein Phänomen der Kulturgeschichte.

Trotzdem wird man sagen können: Solange es Menschen auf der Erde gibt, haben sie ein Verlangen, ihre Wohnungen zu schmücken, zu erweitern und festlich zu gestalten. Es scheint wirklich ein archetypisches Bild zu sein, das sich zwar immer wieder wandelt und auf neue Weise Gestalt annehmen kann, aber doch in irgendeiner Weise in uns angelegt ist. Und diese bleibende Sehnsucht nach den weiten Räumen, den geheimnisvollen Türmen, dem märchenhaften Reichtum usw. macht deutlich, daß wir immer über uns hinauswachsen möchten und ein Verlangen haben, uns zu übersteigen.

In den Märchen und Sagen sind ja die Burgen und Schlösser auch meist der Hort staunenswerter Schätze von Gold und Edelsteinen. Aber deshalb sind die Burgen so gut geschützt oder haben sogar einen Drachen als Wächter oder einen tiefen Graben, der nur über die Ziehbrücke überschritten werden kann.

Was kostbar ist, muß geschützt werden. Und was anziehend ist, das lockt die Menschen herbei. Deshalb gehört Mut dazu, Einfallsreichtum und Durchhaltekraft, ins Innere der Burg zu gelangen. Wenn man aber hineingelangt ist, die Proben bestanden hat und der Sieg errungen ist, dann kann man in den Kreis der Ritterschaft aufgenommen werden. In den mittelalterlichen Epen hat ja die Tafelrunde des Königs Artus eine geradezu mythische Bedeutung gehabt. Es war eine schwierige Initiation zu bewältigen, Tapferkeit und Selbstlosigkeit mußten unter Beweis gestellt werden, bis man ins Innere des Ritterkreises aufgenommen wurde. – Und der mysterienhafte Mittelpunkt des ritterlichen Lebens war die Suche nach dem Gral, nach einer Burg, wo das große Geheimnis bewahrt wird. Diese Suchwanderung, die Queste, war der eigentliche Sinn des ganzen Daseins. Wenn man zum Gral gekommen war, Eintritt bekam in die Burg, Anteil bekam an der Gralsliturgie, war man ans Ziel gelangt. Hier wird die menschliche Sehnsucht nach der Verwirklichung seines Daseins und nach dem Aufgehobensein in einer größeren Ordnung, im Bild der herrlichen Burg am deutlichsten beschrieben.

Die große Schlange

In einem Brief schreibt Hildegard von Bingen: *»Die Seele entstammt der himmlischen Harmonie. Im Gedenken daran wird sich der Mensch bewußt, daß die Seele selbst etwas von dieser Musik in sich hat und fordert sie im Psalm auf: Lobet den Herrn mit Zitherspiel und psalliert Ihm mit der zehnsaitigen Harfe.«* Auch die gesamte Schöpfung verstand Hildegard als tönendes Gebilde: *»Süß klingt der liebliche und herrliche Klang der Elemente in seiner Lebendigkeit, so wie die wohltönende Stimme des menschlichen Geistes. Ein jedes Element hat nämlich, wie es von Gott geordnet worden, seinen Klang. Insgesamt erschallen sie wie das Tönen von Saitenspiel und Zither, vereint in Harmonie.«*

Aber unsere Welt ist nicht ungestört, sie wird in ihrem Zusammenklang beeinträchtigt. Das Ganze der Schöpfung ist nicht mehr *»vom großen Zusammenklang alles geschöpflichen Seins durchweht«*, wie es bei Hildegard heißt, sondern von Disharmonie und dem Mißklang einer zerstörerischen Gegenmacht. – Die Mythen der Völker erzählen von der großen Bedrohung der Schöpfung durch einen Drachen oder eine Schlange. Alles hat seine Lichtseite und seine dunkle Seite, was existiert, ist auch von Auflösung bedroht, das Sein wird vom Nichts belagert. Mythen und Märchen wissen um die Urgefahr alles Bestehenden, sie berichten aber auch von den Hoffnungen auf einen Retter und Heilbringer, der sich dem Kampf stellt und – als Repräsentant des Lichtes – die Mächte der Finsternis besiegt. Was uns bedroht, kann auch eine tröstliche Wirkung haben: Die eigenen Kräfte werden mobilisiert, eine höhere Aufmerksamkeit entsteht, und die kämpferische Auseinandersetzung führt zu einer klareren Bewußtwerdung.

Auf unserem Bild ringelt sich eine riesige Schlange mit einem menschenähnlichen Kopf über eine Ebene, die wie ein globales Musikinstrument erscheint. Der Schlangenleib hat sich so über die Saiten gelegt, daß die Harfe nicht mehr tönen kann. Wird jeder Ton verschluckt werden, erstirbt die Erde durch ihr Verstummen? – Auch wenn die Harfe Sprünge hat und gleichsam von der Schlange umzingelt ist, bleibt die Hoffnung, daß der Schöpfungsklang weiter tönen wird und die Erde ihren elementaren Lobgesang zum Klingen bringen wird.

Das Märchen vom Einfältigen

EIN BRETONISCHES MÄRCHEN

Sie finden sich ja leider überall, die Einfältigen, die an den Türen stehen und betteln, die dreinschauen, als könnten sie nicht bis drei zählen. Per war auch einer von dieser Sippschaft. Arbeiten konnte er nicht, also trank er Wasser aus den Quellen, und wenn er Hunger hatte, dann bettelte er so lange, bis er von einer mitleidigen Frau ein paar Brotkrusten bekam. Zum Schlafen genügte ihm ein Heuschober auf der Weide. Und weil er sonst nichts brauchte, war er fröhlich, sang seine Lieder und dankte Gott für alle Gaben, die er jeden Tag empfangen durfte.

Eines Tages meldete sich in seinem Magen der Hunger, also ging er auf einen einsamen Hof zu, der am Waldrand lag und der aussah, als müßte dort keiner am Hungertuch nagen. Als Per nähertrat, sah er die Bäuerin, wie sie den Breitopf gerade säuberte. Mitleidig reichte sie ihm den leeren Topf und sagte: »Vielleicht kannst du noch etwas herausschaben. Und wenn du satt geworden bist, kannst du für unsere Ferkel beten, damit sie besser gedeihen.« Und wenn Per auch nicht mehr viel erwischte, so brummelte er doch fröhlich vor sich hin und lobte die Köchin als die beste im ganzen Land. Da holte die Bäuerin noch ein Stück Schwarzbrot, auch ein Schälchen Butter fehlte nicht. Und weil es Per so gut schmeckte und er die Köchin über den grünen Klee lobte, kam auch noch ein Stück Speck dazu.

Per war noch dabei, die köstlichen Gaben zu verspeisen, als ein Ritter in voller Rüstung an die Tür klopfte und die Hausherrin nach dem Weg zum Schloß Kerglas fragte. »Ihr wollt doch wohl nicht zu diesem schrecklichen Ort?« fragte die Bäuerin.

»Genau zu diesem Schloß möchte ich reiten, dazu bin ich ausgezogen und habe die weite Reise unternommen«, war die Antwort.

»Aber was wollt ihr an diesem verwunschenen Platz?«

»Ich suche die Schale aus Gold und die Lanze aus Diamant.«

Da schaltete sich auch Per ein: »Was ist denn an diesen Dingen gelegen?«

»Sie sind kostbarer als alle Reichtümer der Welt. Wer die goldene Schale hat, kann sich alle Speisen wünschen, und sofort werden sie einem gewährt. Und wer daraus trinkt, der wird gesund, an welcher Krankheit er auch leidet. Es sollen sogar schon Tote zum Leben erweckt worden sein. Und wer im Besitz der Lanze ist, der braucht keinen Feind mehr zu fürchten. Er rührt seine Gegner damit nur an, und schon sind sie besiegt.«

»Und wem gehören diese seltsamen Gaben?«

»In dem Schloß Kerglas wohnt der Zauberer Roger«, sagte die Bäuerin. »Jeden Tag kann man ihn auf seiner schwarzen Stute vorbeireiten sehen, ein Füllen folgt ihm auf dem Fuße. Aber seine Lanze hält er immer in der Hand, deshalb wird es niemand wagen, ihn anzugreifen.«

»Aber ich weiß, daß er im Innern des Schlosses die Lanze nicht benutzen darf«, rief der Ritter aus. »Die Schale und die Lanze sind dann in einem Versteck verborgen. Also muß ich den Zauberer in seinem Schloß angreifen.«

»Wißt ihr denn nicht«, warf die Bäuerin ein, »daß es schon viele Ritter und Edelleute versucht haben, ins Schloß zu kommen? Keiner von ihnen ist jemals wieder gesehen worden.«

»Das weiß ich wohl. Aber keiner von ihnen ist von einem Einsiedler unterwiesen worden. Er hat mich gelehrt, was ich zu tun habe.«

»Und was mußt du tun?«

»Zunächst gilt es, heil durch den Irrwald zu gelangen, in dem man sich verirren kann und in dem viele Arten von Zauber verborgen sind. Dann werde ich auf einen Zwerg treffen, der einen Feuerstachel hat, mit dem er alles in Staub und Asche verwandeln kann. Wenn ich ihm entkomme, werde ich zu einem Apfelbaum kommen und mir einen Apfel pflücken.«

Atemlos hörte Per zu, dann fragte er:

»Und was geschieht weiter?«

»Dann muß ich die lachende Blume finden. Aber sie wird von einem Löwen bewacht, dessen Mähne aus lauter Schlangen besteht. Sollte ich die lachende Blume erlangen, gilt es, den Drachensee zu überschreiten. Aber schon kommt der schwarze Mann auf mich zu, dessen eiserne Kugel ihr Ziel nicht verfehlt und immer wieder zu ihrem Herrn zurückkehrt. Aber auch dann bin ich noch nicht am Ziel, denn jetzt komme ich in das Tal der Freuden, wo es so herrliche Dinge zu schauen gibt, daß die meisten dableiben wollen und ihr Ziel aus den Augen verlieren. Schließlich komme ich zu einem Fluß, der nur eine Furt hat. Dort wird eine Dame stehen, ganz in Schwarz gekleidet. Ich nehme sie zu mir aufs Pferde, und sie wird mir sagen, was weiter zu tun ist.«

Der Ritter war überzeugt, sein Ziel zu erreichen, ließ sich nicht abhalten und verschwand in der Ferne. Da kam der Bauer und Herr des Hofes nach Hause. Und weil er gerade einen Hirtenbuben suchte, fragte er Per, ob er nicht dazu Lust hätte. Der zog zuerst ein langes Gesicht, erinnerte sich aber dann an den Hirsebrei und das Butterbrot, so daß er das Angebot annahm.

Er war noch nicht lange bei den Kühen und Kälbern, als er durch das Getrappel von Pferden aufgeschreckt wurde und tatsächlich den Zauberer Roger sah, dessen Pferd von einem Füllen gefolgt wurde. In der Hand hielt der riesenhafte Kerl die Lanze, während er die Goldschale um den Hals gehängt hatte. Per versteckte sich eilig und traute sich erst wieder heraus, als der Zauberer längst verschwunden war. Aber allmählich erwachte der Gedanke bei ihm, er könnte es doch auch einmal versuchen, den geheimnisvollen Schatz zu gewinnen.

Eines Tages stand ein Mann mit einem weißen Bart am Waldrand. Per ging auf ihn zu und fragte ihn, ob er auch zum Schloß Kerglas wolle. Der aber lachte nur und sagte, er sei der Bruder Rogers und verstehe sich auch auf Zauberkünste. Dann kniete er sich hin, zog drei Kreise in den Sand und murmelte: »Schwarzes Füllen mit dem leichten Gang, mit den scharfen Zähnen, komm zu mir und trag mich hinüber!« Kaum hatte er das gesagt, als auch schon das Pferdchen erschien, der Mann schwang sich darauf und galoppierte davon.

Per war sich darüber klar, daß es ihm mit Kraft und ritterlichen Künsten nicht gelingen würde, den Zauberer Roger zu besiegen, es konnte nur durch Klugheit und List gelingen. Nun bereitete er einiges vor: baute eine Vogelfalle, füllte einen Beutel mit Leim und Federn, packte seine Flöte ein und sparte sich Brotbrocken auf, die mit Speck bestrichen waren.

Als er wieder am Waldrand bei seinen Tieren saß, tauchte der Zauberer wieder auf, seiner Stute folgte das Fohlen. Per aber hatte am Weg die Brotbrocken gestreut, das Füllen roch sie, blieb zurück und fraß die Stücklein auf. Darauf hatte Per nur gewartet, er lauerte dem Pferdchen auf, sprang ihm auf den Rücken und ließ sich durch den gefährlichen Wald tragen. Nun begannen für Per schwere Zeiten, denn bei jedem Schritt fingen die magischen Künste zu wirken an, die der Zauberer hier eingesenkt hatte. Manchmal schienen helle Flammen aus dem Boden zu schlagen, dann taten sich Abgründe auf oder es kamen ganze Wasserfälle und drohten ihn wegzuschwemmen. Als dann auch noch

Felsbrocken von den Bergen zu stürzen schienen, zog er schnell seine Mütze über die Augen, wußte er doch, daß all diese Schrecknisse nur dazu dienen sollten, ihn auf seinem Weg aufzuhalten.

Schließlich war eine Ebene erreicht, wo die Zaubereien nicht mehr am Werk waren. Hier fand er die kläglichen Überreste der stolzen Ritter, ihre Knochen wurden von wilden Tieren benagt. Aber nun sah er in der Ferne einen wunderschönen Apfelbaum, dessen Früchte die Äste bis auf die Erde niederbeugten. Aber schon stürmte der Zwerg mit seinem Eisenstachel auf ihn zu. Per aber winkte ihm freundlich zu, schwenkte seine Mütze und sagte:

»Laßt mich schnell vorüber, ich bin der neue Diener des Zauberers, er wartet schon auf mich.«

»Ich weiß von keinem neuen Diener«, war die Antwort.

»Ihr seht, daß mir der Herr sogar sein Füllen entgegengeschickt hat, damit ich schneller zu ihm gelangen könne. Ich bin ein Vogelfänger und werde hier gebraucht.«

Aber der Zwerg wollte erst einen Beweis für die Kunst des Vogelfangens vorgeführt bekommen, so baute Per seine Falle auf, sorgte aber dafür, daß der Zwerg selbst plötzlich darin saß. Schnell lief Per zum Baum, pflückte einen Apfel, bestieg wieder sein Pferdchen und ritt weiter.

Nun gelangte er in eine wunderschöne Gartenlandschaft mit den herrlichsten Blumen, von denen sich eine durch ihre besondere Leuchtkraft abhob. Aber Per konnte sich nicht weiter um die Blumen kümmern, denn schon kam ein Löwe auf ihn zu, riß sein Maul auf und zeigte seine Zähne. Per rief ihm schon aus der Ferne entgegen:

»Laß mich nur schnell weiterziehen! Ich soll im Auftrag unseres Herrn einer Dame ein kostbares Geschenk bringen, eine Lerchenpastete.«

Dem Löwen lief das Wasser im Maul zusammen, als er von den Lerchen hörte, so rief er:

»Laß sehen, was du in deinem Sack hast.«

Darauf hatte Per nur gewartet. Der Löwe steckte sein Maul in den Beutel, aber es waren nur Federn darin und ein scheußlicher Leim, der dem Löwen die Augen verklebte und ihn nicht recht atmen ließ. – Schnell knotete Per den Beutel zu, pflückte die lachende Blume und sprang wieder auf sein schwarzes Füllen.

Als er in das Tal gelangt war, das von dem schwarzen Mann mit der Eisenkugel bewacht wurde, beobachtete Per zunächst einmal, wie er hier vorankommen könnte. Der Schwarze war zwar mit den Füßen an den Felsen geschmiedet, aber er hatte sechs Augen, die so in seinem Kopf saßen, daß er in alle Richtungen schauen konnte. Aber sie waren nicht alle offen, manchmal schliefen die vorderen, manchmal die hinteren oder die an den Seiten. Per schlich sich durch das Gebüsch, bis er in der Nähe des Schwarzen angelangt war. Und nun fing er an, die Meßgesänge zu singen, das Kyrie und das Gloria. Aber er sang so, daß man müde wurde, ob man wollte oder nicht. Allmählich fielen dem Schwarzen die Augen zu, erst die einen, dann die anderen. Und als Per bei der Vesper angelangt war, da schlief der Schwarze so fest, daß man ihn laut schnarchen hörte.

Endlich war das Tal der Freuden erreicht, aber Per wußte, daß ihm hier eine besondere Prüfung bevorstand. Bei jedem Schritt durch diesen Wonnegarten fühlte er sich mehr ins Paradies versetzt. Aus den Quellen floß köstlicher Wein, die Früchte lockten mit ihren süßen Düften, die Blumen hatten zarte Stimmen und sangen im Chor. Auf den Tischen wurden herrliche Torten angeboten, als würden Könige und Fürsten erwartet. Schöne junge Mädchen stiegen aus dem Bade und tanzten im fröhlichen Reigen. Beinahe hätte Per alle guten Vorsätze vergessen und sich zum Tanz einladen lassen, aber dann fielen ihm wieder die goldene Schale und die Lanze ein. Er holte seine Flöte aus der Tasche und fing an zu spielen, um den Verlockungen widerstehen zu können. Und er steckte sich ein Stück trockenes Brot in den Mund, um nicht an die Köstlichkeiten denken zu müssen, die rund um ihn her in Hülle und Fülle bereitlagen.

Dann war auch diese Gefahr bestanden, in der Ferne konnte er schon das Schloß Kerglas sehen. Das Pferdchen schien die Furt zu kennen und steuerte munter auf den Fluß zu. Auf einem Felsblock sah er eine Dame, die in ein schwarzseidenes Gewand gehüllt war.

»Dich suche ich«, sagte er.

»Und dich erwarte ich«, antwortete sie und setzte sich zu ihm auf das Pferd.

Als sie mitten im Fluß waren, fragte die vornehme Dame ihren Reiter: »Weißt du auch, wer mit dir auf dem Pferd sitzt?«

»Ihr müßt wohl eine vornehme Frau, eine Fürstin oder Gräfin sein.«

»Ich bin die Pest und verbreite den Tod unter den Menschen.«

Da wäre Per beinahe ins Wasser gestürzt vor Schrecken, aber die Dame sagte zu ihm: »Du brauchst keine Angst vor mir haben, aber der Zauberer Roger, der muß vor mir zittern.«

»Ich habe gehört, daß er unsterblich ist, wie kann er da sterben?«

»Du hast doch einen Apfel gepflückt. Es ist eine Frucht vom Baum des Lebens und des Todes. Wer davon ißt und dieser Frucht nicht würdig ist, der verfällt dem Tod, auch wenn er vorher davon überzeugt war, unsterblich zu sein.«

»Wenn der Zauberer aber wirklich gestorben ist, dann komme ich dennoch an die Schale aus Gold und die Lanze nicht heran, denn sie sind ja in einem Versteck verborgen, das keiner findet.«

»Die lachende Blume findet alle Schätze und öffnet alle eisernen Truhen.«

Jetzt waren sie beim Schloß Kerglas angelangt. Der riesige Zauberer lag auf seinem Thronsessel, rauchte seine Pfeife und sah mit Verwunderung, wie sich der kleine Hirtenbub mit dem schwarzen Fohlen näherte. »Wie hast du Knirps es denn angestellt, bis hierher zu gelangen?«

»Mein hoher Herr, dein Bruder hat mir die Geheimnisse verraten, um zu dir zu gelangen.«

»Wieso kennst du ihn? Und mit welcher Botschaft hat er dich zu mir geschickt?«

»Zwei Dinge soll ich euch überbringen: diesen Apfel aus dem Morgenland, der alle Freuden in sich enthält; und diese schöne Dame, die dafür sorgen wird, daß ihr auf Erden keinen Wunsch mehr habt.«

Als der Zauberer einen Bissen von dem Apfel gegessen hatte, rührte ihn die Dame an. Sogleich brach er in sich zusammen, als wäre er vom Blitz getroffen worden und rührte sich nicht mehr.

Nun ging Per durch das gewaltige Schloß, die lachende Blume hielt er in seiner Hand. Von einem Saal ging er zum anderen, bis er zum Gewölbe mit der silbernen Pforte kam. Sofort öffnete sich die Tür, vor ihm lagen die goldene Schale und die Lanze aus Diamanten. Kaum aber hatte er sie ergriffen, da gab es einen ungeheuren Donnerschlag und das ganze Schloß brach in sich zusammen. Per fand sich ganz allein im Wald vor, mühsam schlug er sich durch, bis er wieder in bewohnte Gegenden kam. Aber die Schale versorgte ihn mit allem, was er brauchte. Er hatte nur einen Gedanken: die heilige Goldene Schale und die Lanze aus Diamanten mußten zum König gelangen, er sollte sie bewahren, sollte mit ihr sein Reich festigen.

Aber wo ist die Schale geblieben? In welche Hände ist die Lanze gekommen? Davon weiß das Märchen nichts mehr zu erzählen. Vielleicht hat jemand diese herrlichen Gaben mißbraucht und sie sind wieder in einem geheimen Versteck geborgen worden? Dann muß wohl wieder ein Einfältiger kommen und sich auf den Weg machen.

Die Wüste

Die Wüste wächst unaufhaltsam, sagen uns die Geographen, die Ethnologen und die Klimafachleute, *sie verschlingt weiteres Land, überdeckt bewohnte Gebiete mit Sand, läßt Seen austrocknen und Quellen versiegen. Gehen wir einer völligen Verwüstung der Erde entgegen?*

Die Erde ist ein kompliziertes Gebilde, das empfindlich reagiert, wenn der Mensch auf rabiate Weise in das sensible Gleichgewicht eingreift und die Grundbedingungen des Lebensgefüges verändert. Aber die Erde verändert sich auch ohne die menschlichen Eingriffe dauernd, denken wir nur an die Kontinentaldrift, an die Auswirkungen von Vulkanausbrüchen und Erdbeben. Die Sahara war nicht immer Wüste, und sie ist nicht durch menschliches Verschulden zur Wüste geworden.

Die Wüste hat die Menschen zwar einerseits abgeschreckt und geängstigt, aber auf der anderen Seite auch immer angezogen und tief beeindruckt. Den Schrecken der Wüste kann ich ganz gut nachvollziehen: Eine lebensfeindliche Welt, kaum ein Baum oder Strauch kann sich dort halten, es herrschen Hitze und Kälte vor, die Einförmigkeit der Sandwüste ist schwer zu ertragen, ein bedrückendes Schweigen macht den Menschen zu einem Einsamen und Verlorenen. Und wenn er auch noch Durst und Hunger leiden muß, dann kommt die Vorstellung von der Wüste in die Nähe der Höllenvorstellung.

Ja, doch gibt es eine völlig andere Erfahrung, die man ebenfalls machen kann: Das Schweigen kann als wohltuend empfunden werden, die unermeßliche Weite weckt ein Gefühl der Freiheit, die Einsamkeit führt dazu, daß man sich auf sich selbst zurückgeworfen erlebt und sich dem stellen muß. Wohl ist die Wüste ein gefährlicher Ort, aber es ist auch ein Ort, der einen herausfordert: Man muß sich darin bewähren und sich erproben. Übrigens gehört es zu den staunenswerten Überraschungen, daß die Wüste *so* tot auch wieder nicht ist. Überall finden sich Spuren von Leben, manche Sträucher haben eine bewundernswürdige Taktik der Selbstbehauptung entwickelt, so daß sie sich jahrelang tot stellen können, um bei der geringsten Regenspur plötzlich zum Leben zu erwachen. Und selbst Insekten, Schlangen, Vögel kann man entdecken, die sich dem Klima und ihrer Umwelt angepaßt haben.

Wo bin ich?

Wer sich ins Schneckenhaus verkriecht, der hat den Mut verloren, sich einer Herausforderung zu stellen: Er zieht sich zurück, um endlich seine Ruhe zu haben oder weil er resigniert hat. – Aber es mag sein, daß der Rückzug auch eine sinnvolle Entscheidung ist. Da hat einer eingesehen, daß ein purer Aktionismus nicht weiterhilft, zunächst muß Abstand gewonnen werden, eine Phase der Besinnung tut not, damit dann auch wieder aus einer größeren Gelassenheit heraus gehandelt werden kann.

In unseren Breiten wird die »Nabelschau« meist als fruchtlose Introversion betrachtet, man vermutet, da würde sich einer von den drängenden Problemen der Welt abwenden, um sich nur noch mit sich zu beschäftigen und sich selbst zu bestarren. Dabei wird meist übersehen, daß eigentlich nur von solchen Menschen ein sinnvoller und zukunftsträchtiger Beitrag für die Probleme der Welt erwartet werden kann, die in sich ruhen, in einem inneren Gleichgewicht stehen und eine Gelassenheit gefunden haben. Martin Buber überliefert die chassidische Weisheit: »Was wir lediglich in unserer Seele zu wirken vermeinen, wirken wir in Wahrheit am Schicksal der Welt!«

Das auf den ersten Blick anspruchslose Bild

Ernst Steiners zeigt in der Mitte ein Labyrinth, das aber selbst wieder von einem Netz spiraliger, linearer und labyrinthischer Formen umgeben ist. Da gibt es Sterne und Kometen, eine Schlange, einen fliegenden Pfeil und ein Kreuz, schließlich das Zeichen eines Menschen, der offenbar die Frage stellt: Wo bin ich? – Wie soll er sich in dem Gewirre der vielen Formen, in dem Gewimmel der Strukturen zurechtfinden?

Aber irgendwo öffnet sich das Labyrinth, es verlockt zum Eintritt. Wer hineingeht, muß sich vom bunten Getriebe der Welt verabschieden, ein Weg wird angetreten, der in die Mitte führt, langsam wird das Zentrum umschritten: Vielleicht kann sich die Seele einholen und zur Ruhe kommen. Ist die Mittezone erreicht, dann führt der Weg nicht weiter: in einer Umwendung kann wieder der Ausweg gesucht werden, die Anfangskraft erstarkt. Wie beim Verlassen einer Höhle wird es allmählich heller und die Lust am Tätigwerden erwacht.

Das Bild erinnert in seiner archaischen Schlichtheit an die Sandmalerei nordamerikanischer Indianer oder an Zeichnungen afrikanischer Stämme. Aber vermutlich haben wir in unseren aufgeklärten Zonen nicht weniger die Aufforde-

rung nötig, ins Labyrinth hineinzugehen, uns in aller Gelassenheit zur Mitte vorzutasten, um dann auch wieder den Rückweg anzutreten, in der Hoffnung, ein Heilmittel gegen die hektische Unruhe gefunden zu haben, ein Halteseil gegen die inneren Risse, einen Weg aus der Krise. Und vielleicht können wir dann sogar sagen, wo wir sind, wer wir sind und in welche Richtung unser Weg führt.

Für uns Mitteleuropäer ist aber die Wüste trotzdem eine fremdartige Zone, die wir als bedrohlich empfinden. Vielleicht ist es gerade deshalb wichtig, sich – auf eine begrenzte Zeit – in die Wüste hineinzuwagen. Da wir in einer Umwelt des Lärms und der permanenten Unruhe leben, ist die Kontrasterfahrung der Stille und Einsamkeit der Wüste nötig. Und weil wir normalerweise keinen Mangel an Speisen und Getränken haben, sogar von einem luxuriösen Überangebot umgeben sind, tut uns die Kargheit und Verknappung gut. Und gegenüber unserer gleichmäßigen Zimmertemperierung ist das Schwanken der Wüstentemperatur von beinahe unerträglicher Tageshitze zu empfindlicher Nachtkälte auch ganz heilsam. Dazu kommen die Überraschungen, auf die man nicht vorbereitet ist: Ein Sandsturm hat eine beißende Gewalt, verklebt uns die Augen, macht uns blind und hilflos. Es sind wirklich Prüfungen, die man da durchzustehen hat.

Wenn in der Bibel immer wieder von der Wüstenwanderung oder vom Wüstenaufenthalt berichtet wird, dann ist auch meist an eine Zeit der Läuterung gedacht, der Reinigung oder der Vorbereitung auf eine große Aufgabe. Das Volk Israel wandert jahrelang durch die Wüste, bis es endlich das verheißene Land betreten darf. Elija zieht sich in die Wüste zurück, weil er verfolgt wird und nur dort Sicherheit findet. Johannes der Täufer haust in einer wüsten Gegend und beginnt von dort seine Tätigkeit. Jesus geht in die Wüste, um sich über seinen Weg klar zu werden und die Krisen der Versuchung und Anfechtung zu bestehen. Auch Paulus geht nach seinem Damaskuserlebnis in die Wüste und wird sich über die Wende in seinem Leben klar. Die Wüste scheint ein Ort der Besinnung, der Anfechtung und der Entscheidung zu sein. Deshalb wählten die eremitischen Wüstenväter der christlichen Frühzeit die ägyptische Thebais als Ort ihres Lebens und ihrer christlichen Bewährung. Sie wollten die Herzensruhe finden, die sie als Geschenk der Wüste empfanden, da mußten sie alle Hektik und Geschwätzigkeit hinter sich lassen und die Einsamkeit aushalten. Auf diese Weise hofften sie, ein Ohr für das geheime Sprechen Gottes zu bekommen, für die verborgenen Hinweise und Zeichen des Gottes, der sich in einer »Stimme verschwebenden Schweigens« kundtun kann.

Wir müssen zugeben, daß es mittlerweile nicht nur in fernen Zonen Afrikas oder Asiens Wüsten gibt, auch die Wüste bei uns ist im Wachsen. Nicht nur, daß Müllhalden und Autofriedhöfe wie makabre Wüsteneien wirken, nicht nur, daß aufgegebene Industrieregionen und chemieverseuchte Areale zu angsterregenden Wüsten geworden sind, die gefährlichere Verwüstung geht in den Seelen der Menschen vor sich. Wenn Menschen innerlich vertrocknen, ohne es richtig zu merken, wenn sie bei allem Lebenshunger ihren seelischen Durst vergessen, wenn die Hoffnung versiegt und die Phantasie keine Zukunftsbilder mehr hervorruft, dann entsteht eine Wüste der Banalität, die erschreckend ist.

Ob die Hoffnungsbilder der Propheten auch für diese neuen Wüsten gelten? Bei Jesaja lese ich:

»Die Wüste und das trockene Land sollen sich freuen,
die Steppe soll jubeln und blühen.
Sie soll prächtig blühen wie eine Lilie,
jubeln soll sie, jubeln und jauchzen…
In der Wüste brechen Quellen hervor,
und Bäche fließen in der Steppe.
Der glühende Sand wird zum Teich
und das durstige Land zu sprudelnden Quellen.«

Psalm 35,1.2.6.7

Terra incognita

Wer könnte von sich sagen,
daß er sich selber kennt?
Immer wieder kann es uns verwundern,
ein Stück des eigenen Wesens kennenzulernen,
das uns so fremd erscheint wie ein Meteor vom anderen Stern.
Manchmal meldet sich etwas zu Wort,
das aus anderen Sphären zu stammen scheint.
Die dunklen Bereiche unserer Seelenlandschaft,
wer kann sie ergründen, wer sie begreifen?

Der Gegenspieler als Kontrastfigur,
er ist nicht nur mein Schattenbruder,
in tieferen Schichten sitzt er im eigenen Haus.
Mit meinen Gegensätzen muß ich zu Rande kommen,
die hellen und dunklen Zonen haben sich verzahnt,
wer könnte sie auseinanderreißen?
Wenn es doch eine festliche Hochzeit gäbe
zwischen den spannungsreichen Polen,
aus denen mein Wesen geformt ist.

Laß mich die geheime Schrift in meinem Innern entziffern,
die mir eingeschrieben ist, Herr.
Auch das Verdorrte darf dann wieder aufblühen,
was im Tiefschlaf verharrt, wird zum Leben erweckt.
Sonne und Mond, König und Königin,
das Ganze und Eine, die Vollgestalt des in mir Angelegten,
sie dürfen aufstehen und in die Sichtbarkeit treten.

Gang ins Labyrinth

*S*eit Kindertagen *fasziniert mich das Labyrinth, es ist wohl eines der rätselhaftesten Urbilder der Menschheit. Fast überall in der Welt ist es zu finden, die unterschiedlichsten Ausprägungen hat es angenommen. Da gibt es jahrtausendealte Steinritzungen, Labyrinthdarstellungen auf minoischen Münzen, römische Mosaiken, sogenannte »Troja-Burgen« in Skandinavien, aber auch in Indien und Indonesien und bei nordamerikanischen Indianern lassen sich solche Zeichen finden. In die christliche Kunst hat das Labyrinth ebenfalls Eingang gefunden: in der 324 nach Christus gegründeten Reparatusbasilika von Orléansville (dem heutigen Algier) befindet sich ein quadratisches Labyrinthmosaik. Und in vielen französischen Kathedralen des Hochmittelalters waren begehbare Labyrinthe in beträchtlicher Größe vorhanden, das berühmteste ist auch heute noch in Chartres zu bewundern. Es ist sicher kein Zufall, daß sich dieses geheimnisvolle Zeichen durch die Jahrtausende hin gehalten hat. Kann man eigentlich seine Bedeutung erkennen?*

Stellen wir es uns zunächst einmal plastisch vor: Ein Labyrinth ist eine runde oder rechteckige, manchmal auch polygonale Figur (oder eine entsprechende Steinsetzung, ein Bauwerk oder eine Höhle) mit einem einzigen Eingang. Tritt man ein und folgt dem Weg, dann wird man auf vielen Umwegen und in Kurven und Schwüngen, die manchmal ganz in die Nähe des Zentrums, dann aber wieder an die Peripherie führen, notwendig in die Mitte geleitet, es gibt also keine Kreuzungen und keine Abzweigungen. Wer unbeirrt weitergeht und die Umwege nicht scheut, gelangt ins Zentrum und damit zum Ziel. Und wer zum Ausgang zurück will, muß umkehren und den gleichen Weg mit allen Pendelschwüngen wieder ausschreiten, dann gelangt er zum Ausgangspunkt.

Ich habe aber die Theseus-Geschichte noch ganz gut in Erinnerung, die auf andere Weise vom Labyrinth erzählt: Alle neun Jahre mußten die Athener eine Abordnung von sieben jungen Männern und sieben Mädchen ins kretische Knossos schicken, es war ein Tribut als Zeichen ihrer Abhängigkeit. Waren sie dort angekommen, hat man sie ins Labyrinth geführt und dem darin hausenden Minotauros vorgeworfen, einem Untier, halb Stier und halb Mensch. Theseus, der Sohn des athenischen Königs, fuhr mit den jungen Leuten nach Knossos und besiegte den Minotauros. Aber er wäre mit seinen

Gefährtinnen und Gefährten trotzdem nicht mehr lebend aus dem Labyrinth herausgekommen, wenn ihm nicht Ariadne, die Tochter des Königs Minos, eine Garnrolle mitgegeben hätte, weil sie sich in Theseus verliebt hatte und seinen Tod nicht wollte. Beim Hineingang rollte er den Faden ab, beim Aufwickeln konnte er den Rückweg wieder finden. – Diese Geschichte macht nur Sinn, wenn man sich das Labyrinth als ein Gewirre von Wegen, Räumen, Sackgassen und blindlaufenden Höhlen vorstellt, so daß man die Orientierung verliert und schließlich darin umkommt.

So alt uns diese Geschichte auch vorkommt, sie ist trotzdem ein relativ spätes Produkt mythischer Erzählkunst, weil man zu dieser Zeit wahrscheinlich den ursprünglichen Sinn des Labyrinths nicht mehr gekannt hat. Von zwei Deutungsmöglichkeiten her (die sich gegenseitig nicht ausschließen, sondern ergänzen) müssen wir das Labyrinth zu verstehen suchen. Das Labyrinth ist den Menschen der frühen Kulturen wohl deshalb so wichtig gewesen, weil es eine Verbildlichung des Initiationsprozesses gewesen ist. Die jungen Menschen (vor allem die jungen Männer) wurden in der beginnenden Pubertät von den übrigen Stammesgenossen isoliert und an einem abgelegenen Ort zusammengeführt, um dort in die Traditionen des Stammes eingeführt und mit den religiösen Mythen und Riten vertraut gemacht zu werden. Bestanden sie die (manchmal grausamen) Mutproben und bewährten sie sich, dann wurden sie als mündig gewordene Erwachsene angesehen und konnten ihre Aufgaben im Stamm übernehmen, oft bekamen sie sogar einen neuen Namen. Zu dem Ritual gehörte es, daß der junge Mensch eine Art von »Tod« zu erleiden hatte, er wurde von einem symbolischen Wesen verschlungen und zu einem neuen Dasein wiedergeboren.

Und was hat das alles mit dem Labyrinth zu tun?

Der Gang ins Labyrinth kennzeichnet die wichtigsten Stationen der Initiation: Es ist ein Gang in eine enge Gasse, von der nicht einsichtig ist, wohin sie führt. Es gehört Mut und Ausdauer dazu, die vielen Wendungen und Umkreisungen mitzuvollziehen. Wer ängstlich ist und fürchtet, das Ziel nicht zu erreichen, möchte umkehren und resigniert vor den Aufgaben, die ihn überfordern. Wer aber das Ziel erreicht, kommt an einen Ort der Einsamkeit und Stille: Hier wird der Initiand auf sich selbst zurückgeworfen und muß seiner selbst innewerden. – Nachdem er sein bisheriges Leben hinter sich gelassen hat, darf er sich auf den Rückweg machen, der Todeserfahrung folgt das Geschenk des neugefundenen Lebens. Der Einstieg in das Labyrinth ist ein regressiver Vorgang: Man wird gleichsam in den Mutterschoß zurückgeführt, wird von einer unheimlichen Unterwelt aufgenommen. Wer aber wieder hinausfindet, hat eine Wiedergeburt geschenkt bekommen und kann sich mit neuer Anfangskraft den Aufgaben in der Welt zuwenden.

Wenn ich das so höre, fallen mir manche Märchenmotive ein: Da wird erzählt, daß der Märchenheld in die unbekannte Fremde ziehen muß, um sich zu bewähren. Er muß Schweigephasen bestehen, Hunger und Durst aushalten, manchmal wird er sogar von Hexen verzaubert oder in eine tierische Gestalt verwandelt. In einem Märchen wird der Held sogar in die Hölle geschickt, er soll dort die drei goldenen Haare des Teufels holen. Und wenn ihm die Aufgaben gelingen und er den gefährlichen Mächten entkommt, dann kann er zum »Heilbringer« aufsteigen und den Menschen die Gaben bringen, die ihnen die Bewältigung des Daseins ermöglichen. Sind vielleicht auch in den Märchen noch Erinnerungen an die Initiationsriten (und damit an den Gang ins Labyrinth) bewahrt worden?

Das ist jedenfalls eine begründete Hypothese, für die vieles spricht. Hier kommen wir zum zweiten Deutungsversuch, um das Labyrinth-Symbol besser verstehen zu lernen. Das Todesschicksal, die Unausweichlichkeit des Sterbens, ist wohl die einschneidenste Erkenntnis, die uns im Laufe unseres Lebens aufgeht. Was aber geschieht im Tod und nach dem Sterben? Darüber haben die Menschen zu allen Zeiten nachgedacht. Sie verstanden den Tod als Übergang in einen anderen Bereich, sie kamen – so glaubten sie – in ein unheimliches Labyrinth. Wer sich aber vorher schon mit dieser labyrinthischen Welt beschäftigt hatte, wer es kannte mit seinen merkwürdigen verschlungenen Wegen, der wurde nicht verschluckt, sondern konnte zu einem neuen und volleren Leben durchstoßen. Wir dürfen also das Labyrinth als ein Todessymbol verstehen, das aber – recht verstanden – zum Lebenssymbol werden kann. Im Leben muß man sich dem Tod stellen, dann gelangt man im Tod zum Leben.

Auch hier fallen mir wieder Märchenmotive ein. In dem russischen Märchen »Zarewna Unke« soll der Märchenheld in die Totenwelt hinuntersteigen, um besondere Gaben zu holen. Er weiß nicht, wie er es anstellen soll, bekommt aber von seiner Frau einen Faden oder ein Garnknäuel, dem er nachfolgen soll. »Hier ist ein Garnknäuel. Folge ihm unverzagt, wohin es auch rollt«, bekommt er gesagt. Und tatsächlich gelangt der Held in die »andere Welt«, erhält die gewünschten Gaben und kann in seine Heimat zurückkehren. Hier hat sich das Motiv des »Ariadnefadens« noch unversehrt gehalten, die geheime Kenntnis sorgt dafür, daß man der Totenwelt wieder entkommen kann.

Übrigens hat der Theseus-Mythos noch ein anderes interessantes Element bewahrt: Nach seiner Rettung aus dem Labyrinth und der Flucht von Kreta macht Theseus mit seinen Gefährten auf der Insel Delos halt. Und dort soll er einen kultischen Tanz gestiftet haben, den Kranichtanz (»Geranos«), der die verschlungenen Bewegungen des Labyrinthweges nachvollzieht. Die jungen Männer und Frauen halten sich an einem Seil fest (dem »Ariadnefaden«) und werden vom Tanzführer in spiraligen Linien in die Mitte geführt, wo sich offenbar die Todeszone des Labyrinths befindet. Dann wendet sich der Anführer

Himmlisches Jerusalem

Die tibetanischen Mandalas und die indischen Yantras haben die Funktion, den Meditierenden eine Hilfe zu bieten, damit sie zu einer inneren Schau kommen und ihren eigenen göttlichen Wesenskern entdecken können. Im Menschen findet sich ein Abbild der göttlichen Urkraft, es gibt eine Entsprechung zwischen dem Absoluten und dem zu sich selbst gekommenen Menschen. Die figurenreichen Mandalas und die linear-geometrischen Yantras sind Angebote, die Geheimnisse des eigenen Selbst tiefer zu erfassen und in seinem eigenen Kernbereich die einwohnende Gottheit zu erfahren.

Man könnte schnell mit der Bemerkung zur Tagesordnung übergehen, hier gehe es um religiöse Praktiken hinduistischer und buddhistischer Tradition, die uns fremd seien, wenn es nicht auch in der christlichen Spiritualität vergleichbare Vorstellungen gäbe. Hildegard von Bingen kann in ihrer »Heilkunde« sagen: »Der Mensch hat Himmel und Erde und die ganze übrige Kreatur schon in sich selber und ist doch eine ganze Gestalt, und in ihm ist schon alles verborgen vorhanden.« Und die großen Meister des geistlichen Lebens im Mittelalter haben immer wieder von der »Gottesgeburt« im Menschen gesprochen,

von der Einwohnung Gottes im menschlichen Herzen, so daß wir durchaus von gewissen Parallelen mystischer Erfahrung und spiritueller Vorstellung zwischen Ost und West sprechen können.

Ernst Steiner hat häufig Mandalas und mandalaartige Bilder gemalt und Entwürfe für entsprechende Gobelins gemacht. Er wollte sich dabei nicht einfach den südasiatischen Vorbildern anschließen, sondern versuchte eine christlich geprägte Weiterentwicklung. Biblische Bilder und ikonographische Muster der christlichen Kunst haben da durchaus Platz und verbinden sich mit der Grundstruktur des östlichen Modells. Wir finden in Steiners Bildern sowohl Elemente der lamaistisch-buddhistischen Mandalas als auch der linearen Yantras hinduistischer Herkunft. Aber beide Überlieferungsformen stehen sich nahe, weil sie Bilder bieten, die von außen nach innen »gelesen« und meditiert werden sollen. Das Viereck symbolisiert ja das weltimmanente »Erdhaus«, unseren Bereich also, in dem wir leben. Dann aber stoße ich auf ein Rund, eine kreisförmige Wasserstraße. Wenn ich sie überschritten habe, stoße ich wieder auf ein Quadrat, das seinerseits wieder aus Vierecken besteht und er-

erneut zu einem Karree führt. Nun kommt eine von Wasser umflossene runde Mittezone, die aus Dreiecken besteht, einen Stern ergibt und im absoluten Mittelpunkt ein Auge hat. Auch das indische Schri-Yantra besteht in seinem Zentrum aus ineinandergeflochtenen Dreiecken, wobei das nach unten zeigende Dreieck weiblichen Charakter hat (Schakti genannt) und das nach oben zeigende Dreieck ein Symbol des Männlichen ist (Vahni). Dieses Ineinandergehen ist ein Bild für die Vereinigung der Gegensätze, für das Zusammenwirkwirken der zeugenden und der gebärenden Grundkraft.

Ernst Steiner hat sein Bild »Himmlisches Jerusalem« genannt, er möchte es verstanden wissen als Zielbild christlicher Erlösungshoffnung. Das kommt schon dadurch zum Ausdruck, daß das Bild eine ausgeprägte Kreuzstruktur hat. Das Kreuz verbindet die verschiedenen Dimensionen, führt zum Mittelpunkt hin und wird zum großen Ordnungszeichen eines neuen Äons. Hier fällt nichts mehr auseinander, alles bekommt seinen Platz, wird vom lebendigen Wasser gespeist, die Lebensbäume signalisieren Fruchtbarkeit.

In der Offenbarung des Johannes heißt es: »Einen Tempel sah ich nicht in der Stadt: Gott der Herr, der Allherrscher, und das Lamm ist ihr Tempel. Die Stadt bedarf nicht der Sonne noch des Mondes, daß sie ihr leuchten: denn die Herrlichkeit Gottes leuchtet ihr, das Lamm ist ihr Licht« (Offenbarung 21,22f.). – Das ganze Bild kann als Grundriß eines Tempels verstanden werden, aber es ist der Tempel aus »lebendigen Steinen«. Alles ist vom Gedanken der Begegnung und gegenseitigen Erfüllung getragen. Das irdische Viereck und das göttliche Dreieck verbinden sich und werden von den Kreisformen zusammengehalten. Und das innerste Auge symbolisiert das »Ein und Alles« Gottes, der »alles in Allem« sein soll. Auch hier ist die Parallele zu den Yantras auffällig, denn bei ihnen wird in den innersten Bereich ein Punkt gesetzt, der die all-eine, die universale göttliche Kraft darstellt. Allerdings muß dieser Punkt gar nicht unbedingt eingezeichnet werden, weil er das endgültige Zusammenfließen symbolisiert.

und geleitet die ganze Gruppe wieder zum Licht und zum Leben. Nach einer mythischen Tradition war Ariadne eigentlich die Herrin der Unterwelt: Man tanzt in ihr Reich, durchtanzt es gleichsam, um dann wieder zum Leben zurückzutanzen.

Daß das Labyrinth-Symbol mit den mythischen Traditionen verbunden ist, leuchtet ein. Aber wie kommt eigentlich dieses urtümliche Zeichen in die Kirchen, ins Christentum? Ist es ein mythisches Einsprengsel, der Überrest einer unverstandenen Tradition?

In der frühen Kirche hat man mit einer großen Unbekümmertheit auch die mythischen Bilder aufgegriffen und christlich gedeutet. So konnte man in Orpheus oder Herakles »Brüder« Jesu sehen, sie waren Vorläufer, die zeichenhaft über sich hinausweisen. Und so hat man auch die Theseus-Geschichte neu zu interpretieren versucht. In einer Regensburger Pergamenthandschrift des 12. Jahrhunderts findet sich die Darstellung eines Labyrinths, in dessen Mitte Theseus abgebildet ist, wie er mit dem Minotauros kämpft und ihn besiegt. Theseus wurde als vorbildhafte Figur für Christus verstanden, der in die von Sünde und Schuld und von dämonischen Mächten durchherrschte Welt kommt, um sie zu retten. Er steigt sogar in die Unterwelt hinab, um den Tod zu entmachten. So wird dieser antike Topos christlich verständlich gemacht und das Labyrinth-Motiv in die christliche Ikonographie einbezogen. Jesus wird als kundiger Jenseitsführer verstanden. Wer sich ihm anvertraut, muß zwar auch ins Dunkel hinabsteigen und den Tod kosten, bekommt aber auch Anteil am Sieg Christi und an der Osterfreude.

Ich möchte gerne noch eine ganz andere Frage ansprechen: Als Kinder sind wir manchmal in einem barocken Park zu einem sogenannten »Gartenlabyrinth« gegangen, wo man sich in einem unübersichtlichen Gewirre von Wegen hoffnungslos verirren konnte. Wenn wir aber endlich das Ziel in der Mitte gefunden hatten, war die Freude groß, obwohl wir uns auch beim Rückweg meist wieder verfranzten. Wenn ich es recht bedenke, dann ist ein solches Gebilde gar kein echtes Labyrinth?

Nein, es ist ein Irrgarten, der aber auch eine alte Tradition hat und durchaus seine eigene Symbolik besitzt. Oft genug kommt uns die Wirklichkeit und das eigene Leben wie ein komplizierter Irrgarten vor; wir brauchen einen Helfer, der uns den rechten Weg geleitet und uns beisteht, wenn wir nicht mehr weiter wissen. Vergessen wir aber nicht: Beim Gang durch das Labyrinth kommt es darauf an, unverdrossen dem einmal eingeschlagenen Weg zu folgen. Das »Umkreisen der Mitte«, die allmähliche Annäherung des Ziels, auch die Umwege und Pendelschwünge haben ihren Sinn, irgendwann ist das Ziel erreicht.

Unke Zarentochter

In einem fernen Reich wohnten ein Zar und eine Zarin. Drei Söhne hatten sie, schön und wohlgeraten, daß man es nicht beschreiben kann, höchstens im Traum begegnen einem so stattliche. – Eines Tages rief der Zar seine Söhne zusammen und sagte zu ihnen: »Jeder soll seinen Bogen und einen Pfeil holen und den Pfeil in eine Richtung schießen, jeder in eine andere, und wo der Pfeil niederfällt, da sollt ihr euch eine Braut holen.« Der älteste schoß, sein Pfeil landete auf dem Landgut eines Bojaren, und weil der Bojar eine hübsche Tochter hatte, war der Zarensohn glücklich, sie als Braut heimführen zu können. Der Pfeil des zweiten Sohnes flog zum Haus eines Kaufmanns. Auch der hatte eine Tochter, mit der der Zarensohn zufrieden war. Dann schoß auch Iwan, der dritte Zarensohn, aber sein Pfeil landete inmitten eines Sumpfgebietes, eine Unke fing ihn auf. Als Iwan zu ihr hinkam, erschrak er und sagte zu seinem Vater: »Eine Unke kann ich nicht heiraten.« Der aber antwortete: »Was dir vom Schicksal beschieden war, das mußt du auch annehmen.«

Nun feierten die drei Brüder ihre Hochzeit, aber Iwan Zarewitsch machte kein fröhliches Gesicht dabei. – Einige Zeit danach ließ der Zar seine Söhne wieder zu sich kommen und sagte ihnen: »Nun laßt eure Frauen ein weiches weißes Brot backen. Ich möchte doch wissen, wer von euch die beste Wahl getroffen hat.« Iwan ging mit bedrücktem Sinn in seine Wohnung und wollte sich nicht aufheitern lassen. »Quak, was hast du, Iwan Zarewitsch, warum läßt du deinen Kopf hängen?« »Warum ich traurig bin? Du sollst bis morgen ein weiches weißes Brot backen, wie soll dir das gelingen?« »Leg dich schlafen und laß das meine Sorge sein. Weißt du nicht: der Morgen ist klüger als der Abend?« – Als Iwan eingeschlafen war, streifte die Unke ihre Haut ab und zum Vorschein kam die schöne Jungfrau Wassilissa, die Weise. – Dann rief sie ihre Ammen und Kinderfrauen und trug ihnen auf: »Backt mir ein weiches weißes Brot, wie es meinem Vater immer so gut geschmeckt hat.«

Als der nächste Morgen heraufkam und Iwan erwachte, da lag schon das weiche weiße

Brot auf dem Tisch und roch so gut, daß man am liebsten gleich hineingebissen hätte. Es war künstlich geformt wie eine hohe Burg mit Mauern und Zinnen. Damit übertraf Iwan die Brote seiner Schwägerinnen, und der Zar bedankte sich bei Iwan. – Dann aber sagte er zu seinen Söhnen: »In der kommenden Nacht müssen eure Frauen einen Teppich weben. Ich möchte doch wissen, welche von meinen Schwiegertöchtern die tüchtigste ist.« Mißmutig ging Iwan zu seiner Wohnung, wurde aber gleich von der Unke gefragt: »Warum läßt du deinen Kopf hängen. Sag mir lieber, was dir widerfahren ist.« »Ich hab allen Grund zu meiner Traurigkeit. Bis morgen sollst du einen seidenen Teppich weben.« »Leg dich schlafen und laß das meine Sorge sein. Hast du es vergessen: der Morgen ist klüger als der Abend.« Kaum war Iwan eingeschlafen, da streifte Wassilissa wieder ihre Unkenhaut ab, rief ihre Ammen und Kinderfrauen herbei und webte mit ihnen einen Teppich, wie ihn ihr eigener Vater besessen hatte.

Der Morgen kam, und der Teppich war so schön geworden, daß man es nicht erzählen kann. In Gold und Silber erstrahlten die allerköstlichsten Muster. Der Zar war nicht wenig erstaunt und sagte seinen Söhnen: »Nun ruft mir eure Frauen hierher.«

»Quak, warum schaust du schon wieder so traurig drein?«, wurde er von seiner Unke empfangen. »Stell dir vor, jetzt soll ich mit dir zu meinem Vater kommen. Alle werden uns auslachen.« – »Du brauchst dich nicht zu grämen. Geh allein voraus, ich werde bald nachkommen. Und wenn du ein Donnergetöse hörst, dann kannst du sagen: ›Jetzt kommt meine Unke in ihrer kleinen Kutsche.‹«

Als er zu Vater Zar gekommen war, hatten seine Brüder ihre herausgeputzten Frauen schon herbeigebracht. Gemeinsam lachten sie über Iwan und fragten ihn: »Wo hast du denn deine Frau gelassen? Ist sie wieder in den Sumpf zurückgesprungen? Du hättest sie besser in deine Hosentasche stecken sollen.« Kaum aber hatten sie das gesagt, begann es zu donnern und zu krachen. Die Gäste bekamen es mit der Angst zu tun und wußten nicht, wo sie hinspringen sollten. Da kam eine goldene Kutsche angefahren, die von sechs prächtigen Pferden gezogen wurde. Wassilissa stieg aus, sie war so schön, daß einem die Worte im Munde steckenblieben. Sie ging auf Iwan zu und führte ihn zu den festlich gedeckten Tischen. Nun wurde ein Fest gefeiert, daß es nur so eine Pracht war. Und die bewundernden Blicke aller Teilnehmer gingen immer wieder zu Wassilissa, der Weisen.

Inzwischen ging Iwan heimlich in seine Wohnung, fand dort die Unkenhaut und verbrannte sie im Kaminfeuer. Als Wassilissa, die Weise, nach Hause kam, suchte sie die Unkenhaut, konnte sie aber nicht finden. Da ging sie traurig zu Iwan und sagte zu ihm:

———

»Was hast du getan, Iwan Zarewitsch! Hättest du dich noch eine kleine Weile geduldet, dann wäre ich ganz erlöst gewesen und hätte immer bei dir bleiben können. Nun aber muß ich dich verlassen. Wenn du es versuchen willst, dann wandere durch die dreimal neun Länder und du wirst mich bei Kostschej dem Unsterblichen finden.« Plötzlich war sie ein weißer Schwan geworden und flog durch das offene Fenster davon.

Nun hatte Iwan wahrlich Grund, traurig zu sein, er weinte so lange, bis er keine Tränen mehr hatte, dann machte er sich auf die Wanderschaft, um Wassilissa, die Weise, zu finden. Wie lange er gewandert ist? Keiner hat die Tage gezählt, eines Tages begegnete er einem alten Männlein, das ihn fragte, wohin er denn unterwegs sei. Da brach es aus Iwan heraus, und er erzählte ihm seine ganze Geschichte. »Iwan, Iwan«, sagte der ihm, »warum hast du dich an der Unkenhaut vergriffen, das kam dir nicht zu. Hör die Geschichte von deiner Frau: Als sie geboren wurde, da ist sie schon so weise gewesen, daß sie klüger war als ihr eigener Vater. Der konnte sich damit nicht abfinden und verzauberte sie für drei Jahre in eine Unke. Beinahe wären sie herum gewesen, aber nun hast du eingegriffen und Wassilissa wieder verloren. – Aber ich habe Mitleid mit dir: Hier ist ein Garnknäul. Folge ihm unverzagt, wohin es auch rollt.« Voller Dankbarkeit nahm Iwan das Knäuel in Empfang und ließ es über das freie Feld rollen, wohin es wollte.

Da lief ein Bär auf ihn zu. Iwan griff nach seinem Gewehr und wollte ihn schießen, aber der Bär rief: »Laß mir das Leben. Vielleicht kommt ein Tag, an dem du mich brauchen kannst.« Nicht lange danach, flog ein Erpel an ihm vorbei. Wieder legte Iwan an und wollte schon abdrücken, aber auch der Erpel rief: »Laß mir das Leben, du wirst mich noch brauchen.« Als bald darauf ein schielender Hase daherhoppelte, war Iwan fest entschlossen, ihn zu schießen, jedoch rief ihm der Hase zu: »Iwan Zarewitsch, laß mir das Leben, du wirst mich noch brauchen.« Mitleidig schulterte Iwan sein Gewehr und kam – mittlerweile recht hungrig – zum Ufer des großen Meeres. Auf dem Sand lag ein Hecht, der schon ganz kraftlos war und nicht mehr ins Wasser zurückkonnte. »Hab Mitleid, Iwan Zarewitsch«, so rief er, »wirf mich wieder ins Meer zurück.« Gern erfüllte Iwan ihm den Wunsch.

Immer noch rollte sein Knäuel vor ihm, bis es zu einem Häuschen kam, das auf Hühnerbeinen stand und sich drehte. Da rief Iwan: »Häuschen, steh still, wie du früher standest, als die Mutter dich hingestellt hat, das Gesicht zu mir, der Hintern zum Meer.« Da hörte das Häuschen auf sich zu drehen und mit dem Eingang zeigte es zu Iwan. Er trat ein und sah die Baba Jaga Kahlbein auf dem Ofen liegen. Sie schien bewegungslos, aber sie wetzte ihre Zähne und rief: »He, tapferer junger Mann, was führt dich zu mir her?« – »Du altes Weibsbild, wie kannst du mich ausfragen, bevor du mir zu essen und zu trinken gegeben hast, bevor du mir die Badestube eingeheizt hast?«

Da holte die Baba Jaga Speise und Trank, ließ Iwan kräftig essen und heizte ihm noch die Badestube an. Und dann erzählte Iwan, daß er auf der Suche nach Wassilissa, der Weisen, sei und schon die halbe Welt nach ihr abgesucht habe. »So, so, Wassilissa, die Weise, suchst du. Die ist bei Kostschej dem Unsterblichen. Es wird dir wohl kaum gelingen, ihn zu besiegen. Sein Tod wohnt nämlich nicht in ihm, er ist in der Spitze einer Nadel, die Nadel ist in einem Ei versteckt, das Ei ruht in einer Ente, die Ente in einem Hasen. Der Hase aber schläft in einer Truhe, und die Truhe hängt hoch oben in einer Eiche. Und Kostschej bewacht die Eiche wie seinen größten Schatz.«

Nun machte sich Iwan auf die Suche nach der Eiche und fand sie auch. Wie aber sollte er dort hinaufkommen? Plötzlich kam der Bär angelaufen, packte den Baum und riß ihn mitsamt seinen Wurzeln aus dem Boden. Mit Wucht fiel auch die Truhe herunter und zerbarst. Da sprang ein Hase heraus und wollte davonrennen. Aber ein anderer Hase kam auf ihn zugerannt und zerriß ihn. Aus dem Hasen erhob sich eine Ente und entschwand in die Lüfte. Schon tauchte der Erpel auf und bedrängte die Ente. Als sie das Ei fallen ließ, fiel es ins Meer und versank. Nun schien alles verloren, und Iwan wollte schon alle Hoffnung aufgeben. Da aber kam der Hecht geschwommen und hielt das Ei in seinem Maul. Nun schlug Iwan das Ei heraus, zerbrach es und nahm die Nadel an sich. Als er der Nadel die Spitze abbrach, war es mit der Lebenskraft Kostschejs vorbei. Alle seine Versuche, noch einmal davonzukommen, waren vergebens, er mußte sterben. Nun ging Iwan in Kostschejs Haus und fand auch wirklich Wassilissa, die Weise, die wieder ihre wahre Gestalt angenommen hatte. Gemeinsam zogen sie nach Hause und lebten lange glücklich und in Frieden.

Abstieg ins Dunkel

Es langt nicht, nur zu wissen mit dem Kopf,
es genügt nicht, die bunte Oberfläche zu kennen.
Wie komme ich zu den Wurzeln,
wie gelange ich ins Innere der Erde?
Wo ist der Brunnenschacht, der in die Tiefe führt?

Vielleicht habe ich zu lange den Tag vorgezogen,
was wird sich ereignen, wenn ich in die Nacht gehe?
Man kann sich an den alltäglichen Lärm gewöhnen,
was geschieht im Land des Schweigens?
Das Denken hat seine verläßlichen Muster,
welche Bilder kommen herauf, wenn ich nur noch schaue?
Auch an Bilder kann man sich klammern,
was wird sich ereignen, wenn mir Hören und Sehen vergeht?

Tastend steige ich in die Höhle hinunter,
mir ist, als würde mir eine Spule gereicht.
Den Faden des Trostes und der Zuversicht wickele ich ab.
Seltsame Schattenwesen umgeben mich.

Ob ich den dunklen Gestalten standhalten kann?
Ob sich heimliche Helfer mir zugesellen?
Muß ich vor mir fliehen, um mich zu entdecken,
muß ich zu Grunde gehen, um einen Grund zu finden,
muß das Herz brechen, damit das Herz heilen kann?
Taub und blind muß ich werden, damit Auge und Ohr aufgehen.
Die Finsternis muß durchschritten werden,
damit das Licht wieder aufleuchten kann.

»Eine Straße muß ich gehen,
die noch keiner ging zurück«

»In Charons Nachen werden wir geboren«, heißt es in einem Roman von Jean Paul. Charon, der die Toten über den Unterweltsfluß in den »anderen Bereich« zu geleiten hat, spielt nicht nur am Ende unseres Lebens eine Rolle, wir sitzen immer schon auf seiner Fähre, denn mit dem Tag unserer Geburt sind wir Sterbliche, jeder Weg, den wir einschlagen, führt uns dem Tod entgegen, ob wir es wollen oder nicht. Man möchte vor diesem Gedanken davonlaufen, aber es gelingt uns letztlich nicht. Michel de Montaigne hat in einem seiner Essays gesagt: »Alle Tage gehen zum Tode, der letzte langt an.«

Ernst Steiner hat ein Bild gemalt, das eine unheimliche, vielleicht sogar ängstigende Wirkung hat und sofort einen gewissen Schauder auslöst. Durch eine Wüstengegend mit ihren Steinen und kärglichen Zypressen führt ein Weg. Wenn wir uns ihm anvertrauen, werden wir schnurstracks ins Zentrum des Bildes geführt. Dort aber erwartet uns kein heimatliches Ziel, kein bergendes Haus, sondern ein riesiger Totenkopf. Von ihm werden wir angezogen und gleichsam eingesaugt, ein Dunkel empfängt uns, vielleicht ein bodenloser Schlund. Das Ende der Reise scheint gekommen, die Endstation aller Wege ist da.

Aber dann kommt die eigentliche Überraschung des Bildes: Hinter dem Totenkopf taucht das Antlitz eines mächtigen Engels auf. Ist es der Todesengel, ist es der Lebensengel? Will er das Schicksal besiegeln, will er das Dasein wenden? Sein Mund ist nicht zu sehen, seine Augen sind weit geöffnet, voller Spannung, fast mit erschrockener Ängstlichkeit schaut er uns entgegen. Von seinen sechs Flügeln liegen zwei ermattet auf der Erde, aber die anderen schwingen hinauf und haben noch Kraft. Der Flügelschlag scheint eine Bewegung anzudeuten: ob er uns durch die Totenwelt hindurchtragen kann in einen anderen Bereich neuen Lebens?

Zum Leben kann nur gelangen, wer bereit ist, auch die Todeszonen zu betreten. Von einer puren Verlängerung irdischen Lebens ist nichts zu hoffen. Wenn die Nacht kommt, muß sie angenommen und durchschritten werden. Eine Hoffnung kommt herauf: Wo der Tod hockt, ist vielleicht auch das Leben zu Hause. Wo uns der Abgrund bedroht, ist vielleicht auch der Urgrund nahe, in dem sich das Leben erneuert.

In unserer Gegenwart werden großangelegte Ablenkungsmanöver inszeniert, damit die Menschen nicht mehr an den Tod denken. Ganze

Industrien sind damit beschäftigt, uns so zu unterhalten, daß überhaupt keine Zeit mehr für Nachdenklichkeit bleibt. Der Tod scheint für viele überhaupt nicht zu existieren. Ernst Steiner geht einen anderen Weg: In seinem Bild macht er uns unmißverständlich deutlich, daß das Todesschicksal unausweichlich ist. Er beschönigt nicht, deutet aber an, daß überall da, wo etwas zerbricht, auch etwas Neues beginnen kann. Die toten Augenhöhlen sind nicht das letzte, die staunend-schauenden Augen des Engels stehen dahinter.

Das Mandala

Ist es nicht merkwürdig, daß sich überall in der Welt Zeichen und Symbole finden, die einander so ähnlich sind, daß man meinen möchte, sie wären voneinander abhängig. Da sie aber in völlig verschiedenen Kulturen vorkommen und sogar in unterschiedlichen Kontinenten, läßt sich nur schwer ein Einfluß von der einen Kultur zur anderen nachweisen. Zu den geheimnisvollsten Zeichen gehört das Mandala.

Kann man eigentlich dieses Wort, das ja aus dem Sanskrit stammt, übersetzen?

Mandala bedeutet »Kreis«. Man muß an den heiligen Kreis denken, der einen bestimmten Bezirk begrenzt, ihn ordnet und ihm eine geheimnisvolle Struktur gibt.

Und was ist das Besondere am Mandala?

Es ist ein meditatives Kultbild, das nicht schmückenden Charakter hat und als Kunstwerk verstanden werden will, sondern das sich dem Betrachter als eine Möglichkeit anbietet, sich selbst und seine eigenen Tiefenschichten kennenzulernen.

Ist aber nicht jeder Mensch ein anderer, müßte also nicht auch jeder sein eigenes, ihm gemäßes Mandala bekommen?

Ja, jeder einzelne Mensch hat seine Besonderheit und will seinen spezifischen Wesenskern erfahren. Und doch haben wir alle so viele Gemeinsamkeiten, ist die Mitgift unserer Veranlagungen so groß, daß wir alle auch durch das Mandala einen Spiegel vorgehalten bekommen.

Nun ist das Mandala zunächst einmal ein der Kontemplation dienendes Bild tibetischer Mönche. Man könnte also sagen, daß es in die Religion des lamaistischen Buddhismus gehört und nicht so ohne weiteres in andere Traditionen verpflanzt werden kann. Wir leben nicht in einem tibetischen Kloster und fühlen uns ganz anderen religiösen Vorstellungen verpflichtet.

Das Merkwürdige ist nur, daß wir auch im Hinduismus viele Ausprägungen dieser Grundtypus finden, daß es auf Java sogar riesige gebaute Mandalas gibt (z.B. Borobodur), daß einige nordamerikanische Indianerstämme mandalaartige Bilder aus farbigem Sand und anderen Elementen formen, und daß es schließlich auch im abendländischen Christentum eine Vielfalt von Bildformen gibt, die spontan an Mandalas erinnern, man denke an die großen Radfenster der gotischen Kathedralen, aber auch an viele Bilder mit dem Christus Pantokrator.

Sind solche Ähnlichkeiten nun eigentlich Zufälle oder wie sind sie zu erklären?

Nach dem Deutungsversuch Carl Gustav Jungs sind solche Übereinstimmungen kein Zufall, das regelmäßige Vorkommen von Grundelementen ist so zu verstehen: In den Tiefenschichten unserer Seele, dem sogenannten »kollektiven Unbewußten«, haben sich die Erfahrungen der Menschheit niedergeschlagen und bilden nun ein archaisches Bilderarsenal. Bemüht sich ein Mensch um die Verwirklichung seiner in ihm angelegten Personkräfte, oder steht er in einer Existenzkrise und ringt um eine Heilung seiner Spaltung, dann werden ihm vom eigenen Unbewußten, von der geheimnisvollen Mitte seiner Person, Bilder angeboten, die Hilfe leisten können und gleichsam ein Symbol der Ganzheit sind, die er erreichen will.

Es ist doch kaum anzunehmen, daß sich die tibetischen Mönche um einen psychologischen Heilungsweg, einen therapeutischen Prozeß, bemühen. Für sie ist doch die Meditation ein Ausdruck ihrer religiösen Überzeugung.

Selbstverständlich. Aber der gleiche Vorgang kann ja unter ganz unterschiedlichen Aspekten betrachtet werden. Was für den religiösen Menschen ein Vollzug seines Glaubens ist, kann für einen Psychologen durchaus auch als menschlicher Reifungsprozeß beschrieben und gedeutet werden.

Nun würde mich aber interessieren, wie ein Mandala strukturiert ist und was es bedeuten kann, dieses Bild meditativ zu verinnerlichen.

Obwohl man es dem Mandala auf den ersten Blick nicht ansieht, muß man es als Planskizze eines Weges begreifen. Wir schauen gleichsam aus der Vogelperspektive auf eine Stadt oder einen Tempel: Da gibt es Tore und Stadtmauern, äußere und innere Zonen, in verschiedenen Farben erstrahlend. Der Weg führt von außen nach innen, von der Peripherie zum Zentrum, von der Äußerlichkeit zum innersten Kern. Aber dieser Weg scheint schwierig zu sein: Die Tore sind geschlossen, die Mauern und Wälle schwer zu übersteigen. Und immer wieder gelangt man in andere Bereiche, die es zu durchdringen gilt.

Aber was hat das alles mit Meditation und Kontemplation zu tun? Das hört sich ja eher wie eine Einbruchsstory an.

Es geht auch wirklich um den Zugang zur wahren Mitte, aber zur Mitte des Geheimnisses »Mensch«, zum Geheimnis »Schöpfung«. Die verschiedenen mystischen Traditionen

– eigentlich aller Religionen – haben immer eine Verbindung zwischen dem Makrokosmos und dem Mikrokosmos gesehen. Wer das Kleine kennenlernt, der lernt auch das Große kennen, wer den Schlüssel für die Menschenseele findet, der hat auch den Schlüssel für die Schöpfung. Man kann nämlich das Mandala als ein »Psychogramm« verstehen, als Symbol der menschlichen Ganzheit, und gleichzeitig ist es ein »Kosmogramm«, ein Symbol für das Weltganze.

Und was meint der »Wegcharakter« des Mandala?

Wer dieses geheimnisvolle Zeichen meditiert, muß einen Reifungsweg gehen. Er muß gewissermaßen die verschlossenen Tore durchschreiten, muß die Wälle, die auf manchen Bildern aus Totenköpfen bestehen, übersteigen, um so immer mehr in die Innenbereiche zu gelangen. Der Vorgang der »Selbstentdeckung« ist alles andere als harmlos, es geht immer um Leben und Tod.

Dann empfiehlt es sich ja nicht, diesen Weg zu gehen.

Es ist aber auch ein Weg des Ganzwerdens. Wir kommen uns doch manchmal so vor, als würden wir in einem Chaos stecken, alles geht durcheinander, die unterschiedlichsten Kräfte und Tendenzen wirbeln in uns herum und ordnen sich nicht. Wir fühlen uns zerrissen und wissen nicht über uns selbst Bescheid. Das Mandala hat eine ganz merkwürdige Wirkung: Das Ungeordnete kann sich ordnen, das Zerrissene kann zusammenwachsen, das Chaotische kann sich zum Ganzen und Einen fügen, so daß plötzlich ein Gleichgewicht hergestellt wird.

Aber das Mandala fällt doch nicht vom Himmel, wo kommt es denn nun her?

Die Heilkräfte wohnen in uns selbst. Und aus unserer eigenen Tiefe können auch die Bilder auftauchen, die uns beistehen und diese Ordnungskraft besitzen. Aber einfach ist es nicht, so in sich hineinzuhorchen, daß man dieses Angebot auch wahrnehmen und ins Bewußtsein heben kann.

Und worin liegt denn nun eigentlich das Besondere eines Mandala, welche Kennzeichen machen es unverwechselbar gegenüber anderen Grundformen?

Das Wichtigste ist wohl die absolute Zentrierung, die Ausrichtung auf die Mitte. Der Meditierende möchte sich dem Mittelpunkt annähern. Aber dabei bemerkt er, daß er selbst – und die ganze Welt – aus Gegensätzen besteht: Da gibt es das Helle und das Dunkle, den Tag und die Nacht, das Flüssige und das Feste, das Feurige und das Lufthafte. Aber das, was sich gegenüber steht, hängt doch auch zusammen, bildet eine fruchtbare Polarität und muß deshalb in ein Gleichgewicht gebracht werden. In einem Mandala bekommt gewissermaßen alles seinen Platz: Tod und Leben, das Obere und das Untere, das Offensichtliche und das Verborgene. Eine harmonische Balance wird gewonnen, wo nicht das Eine über das Andere dominiert, sondern alles in einer »Wohlspannung« steht.

Wenn die Ausrichtung nach der Mitte so wichtig ist, was ist denn eigentlich im Zentrum? Wen oder was erreicht man, wenn man in die Mitte gelangt?

Das ist schwer auf eine »Formel« zu bringen. Der religiöse Mensch wird sagen: ich komme zum Geheimnis Gottes, überschreite die Grenze vom Vorläufigen zum Endgültigen, vom Irdisch-Begrenzten zum Vollkommenen. Der Psychologe wird es anders ausdrücken: ich finde mein wahres Wesen, stoße zum wirklichen »Selbst« vor, verwirkliche das, was in meiner Person angelegt ist. Das Zentrum ist jedenfalls ein Ort der Ruhe und Gelassenheit, des Zum-Ziel-gekommen-Seins. Sehr schön hat Rainer Maria Rilke in seinem Gedicht »Buddha in der Glorie« diesen Durchstoß zur wahren Ruhe ausgedrückt:

> »Mitte aller Mitten, Kern der Kerne,
> Mandel, die sich einschließt und versüßt –
> dieses alles bis an alle Sterne
> ist dein Fruchtfleisch: Sei gegrüßt.«

Ist es nicht besser, selber ein Mandala zu malen, als ein fertiges Mandala, das ja von einem anderen Menschen gefertigt worden ist, meditativ nachzuvollziehen? Bei aller Verbundenheit mit anderen Menschen hat doch wahrscheinlich jeder seine eigene verborgene »Struktur«, die in einem individuellen Mandala zum Vorschein kommen müßte.

Es wäre tatsächlich für jeden eine große Hilfe (und vielleicht auch Überraschung), wenn er ein individuelles Mandala malen würde. Das geht natürlich nur in einer besinnlichen meditativen Stimmung, wenn man also bereit und fähig ist, nach innen zu horchen und einem Malimpuls nachgeben könnte, ohne seinen Intellekt und seinen planerischen Willen einzubeziehen. Weil wir aber immerzu in Wandlungsprozessen stehen und uns dauernd ändern, ist anzunehmen, daß auch ganz unterschiedliche Mandalas entstehen, je nachdem, in welcher Verfassung wir sind und was gerade in uns vorgeht. Immer aber könnte ein Mandala als schöpferischer Vorentwurf gelten, als Angebot, eine Krise zu überwinden, eine Wunde zu heilen, eine Unordnung mit Ordnungskräften neu zu strukturieren.

Was haben eigentlich die »gebauten Mandalas« für eine Funktion, wie sie vor allem in Java vorgefunden werden?

Man muß z.B. Borobodur als Wallfahrtsziel verstehen. Der Pilger hat schon eine lange Reise hinter sich, wenn er zu dem mächtigen Tempel hingelangt. Nun geht er die verschiedenen Wandelgänge und die übereinander aufsteigenden Galerien entlang und schreitet die spiralförmigen Wege allmählich höher, die mit ihrem figuralen Schmuck auch seine Sinne beschäftigen. Die äußere Form des Tempels ist viereckig, dann aber kommen die inneren Ringkreise und in der Mitte findet sich ein glockenförmiger runder Kuppelbau. Während die äußeren Bereiche vielfältig ausgeschmückt sind, ist die Gipfelzone schmucklos. Das Ganze ist ein Aufstieg, man umwandert die Mitte, begegnet der Vielgestaltigkeit der Welt, bis man schließlich in die karge Höhenregion gelangt und nur noch dem Kuppelbau konfrontiert wird. Die Bilder werden zurückgelassen, damit die Erleuchtung den Bereich erschließen kann, den man nicht mit den Sinnen erfassen, der nur noch als Leere beschrieben werden kann. Die Buddha-Gestalt in der Kuppel ist der Inbegriff des Übergangs von der Vorläufigkeit zur Endgültigkeit des Nirvana, von den Vorhöfen zum wahren Kern. Heinrich Zimmer, der die geistige Struktur von Borobodur dem Westen erschlossen hat, sagt: »Hier erfährt der Pilger in äußerer sinnfälliger Umgebung, für die der ganze Bau als yantra dient, den Heimweg aus den äußeren Sphären eines mandala, die Bewußtsein, Welt und Ich in unterschiedlichen Prägungen sind, zu dessen Kern: zum eigenen wahren unaussagbaren Wesen.«

Mich wundert, daß das Mandala, das doch das Eine und Ganze darstellen soll, so kompliziert und vielgestaltig ist.

Das geheimnisvoll Eine (im Göttlichen) hat sich in der Schöpfung ja ausgefaltet, ist in die Gegensätze und Spannungsfelder differenziert worden. Leben ist nur möglich, wenn sich auch Aufspaltungen ereignen, wenn immer neue Formen auftauchen, wenn die Schöpfung mit den verschiedenen Möglichkeiten experimentiert. Aber trotzdem entsteht kein unorganisches Chaos, weil auch die elementaren Grundformen in der Schöpfung sich auswirken. In uns ist eine Gegenkraft angelegt, die dafür Sorge trägt, daß sich nicht alles auflöst, sondern auch wieder eine Zuordnung der Vielfalt ereignet. Das Mandala ist gerade deshalb ein heilsames Zeichen, weil es die Gegensätze nicht negiert, sondern in einen größeren Zusammenhang bringt. Die Spannung darf nicht eliminiert werden, sie soll aber in ein harmonisches Gleichgewicht gebracht werden. Alles muß seinen Platz haben, braucht aber auch sein Gegengewicht. Das Menschliche kann sich immer nur als Männliches *und* Weibliches ausdrücken, sonst unterschlägt man einen wesentlichen Aspekt. Unser Verlangen geht dahin, unsere Halbheit zu überwinden, die Bruchstückhaftigkeit und Fragmentierung auszugleichen, indem wir das Ganze des Daseins wenigstens in einem wirksamen Symbol erfahren. Das ist wohl der Grund, daß uns die Mandalas aus allen Kulturen so unmittelbar ansprechen, offenbar antwortet etwas aus unserem Innern auf sie, es ist ein Wiedererkennen.

Wenn man erst einmal aufmerksam geworden ist für die Bedeutung dieser Grundform, kann man sie ja überall entdecken. Wieviele Rundbauten in der Architektur drücken diese Sehnsucht nach der »geordneten Ganzheit« aus. Die Struktur mancher Städte hat ebenfalls deutliche Anklänge an das Mandala, selbst manche Münzen und viele Gegenstände des täglichen Lebens können daran erinnern. Aber es käme wohl wirklich darauf an, diese Ganzheitszeichen nicht nur äußerlich zur Kenntnis zu nehmen, sondern sie zu meditieren, denn erst dadurch wirken sie ja ins eigene Innere und können die in uns angelegten Bildformen aufwecken. Es ist doch offenbar so, daß erst im Zusammenwirken von Außeneindrücken und »Innenbildern« ein wirklicher Reinigungs- und Reifungsprozeß zustandekommt.

Das Halbe und das Ganze

Von Heraklit, dem dunklen und vieldeutigen griechischen Philosophen der Frühzeit, wird das Wort überliefert: »Bedenke das Ganze!« Wir sind bruchstückhafte Wesen, können immer nur Teilaspekte der Wirklichkeit sehen, aber wir sollen im Blick behalten und nie vergessen, daß es ein größeres Ganzes gibt. Immerzu leiden wir unter einer Blickfeldverengung und sind in der Gefahr, ein Fragment für das Ganze zu halten. Es kommt darauf an, vom Bruchstück auf das Ganze zu schließen, wenigstens eine Vision vom Gesamten zu bekommen.

In seinen Gefängnisbriefen schrieb Dietrich Bonhoeffer einmal folgende Sätze auf: »Unsere geistige Existenz bleibt ein Torso. Es kommt wohl nur darauf an, ob man dem Fragment unseres Lebens noch ansieht, wie das Ganze eigentlich angelegt und gedacht war und aus welchem Material es besteht. Es gibt schließlich Fragmente …, die bedeutsam sind auf Jahrhunderte hinaus, weil ihre Vollendung nur eine göttliche Sache sein kann.« Bonhoeffers Erfahrung ist, daß unsere menschliche Existenz zwar fragmentarisch ist, wir aber deshalb nicht traurig zu sein brauchen, weil wir eine Ergänzung erhoffen, die wir nicht selbst leisten müssen. Gott selbst will zu-

ende führen, was der Mensch nicht vermag. Aber in unserer Torsogestalt sollte wenigstens ahnungshaft sichtbar werden, wie das Ganze gemeint war. Die Initialidee des göttlichen Schöpfungsgeheimnisses sollte in Konturen erkannt werden können.

In seiner Farbradierung (vgl. auch das Umschlagbild dieses Buches) hat Ernst Steiner etwas von diesem Spannungsfeld eingefangen. Eine Sonne geht auf, ihre Augen schauen uns groß an. Sie ist nur halb zu sehen, aber im verschatteten Wasser spiegelt sie sich – und vervollständigt so auf geheimnisvolle Weise ihre Gestalt. Das Bild zeigt uns nicht »das Ganze«, sondern nur »das Halbe«, und trotzdem dürfen wir die Ganzheit ahnen. Auch die Bäume, die sich der Sonne entgegenneigen und eine wunderliche Pforte bilden, auch die Hügel, die der kommenden Sonne Raum geben, spiegeln sich im See. Und der Regenbogen mit seinem farbigen Halbrund findet seine Entsprechung, so daß sich eine Kreisgestalt ergibt. Bild und Spiegelbild stehen sich gegenüber, ein oberer und ein unterer Bereich, aber sie fügen sich zu einem konvergierenden Gesamtgefüge. Die oberen Tagesaugen schauen mich an, aber auch die unteren Nachtaugen, das Bewußtsein

hat sein Gewicht, aber auch das Unbewußte ist gegenwärtig. Am Tag kann ich meine Erfahrungen machen, aber auch die Nacht bringt mir Neues und Unbekanntes. Beachte ich nur das, was in der Taghelle geschieht, dann komme ich nicht zum Ganzen, weil mich auch das nächtliche Dunkel beschenken will. Das Oben braucht als korrespondierendes Element das Unten, die dunklen Unterströmungen ergänzen die Lichtfluten.

»Unser Bewußtsein quillt auf aus unbekannter Tiefe.…Es erwacht jeden Morgen aus der Tiefe des Schlafes aus einem unbewußten Zustande. Es ist wie ein Kind, das täglich aus dem mütterlichen Urgrunde des Unbewußten geboren wird«, so hat es Carl Gustav Jung beschrieben. Beim Erwachen schließen sich unsere traumsichtigen Augen, damit sich die Augen unseres Tagbewußtseins öffnen können. Am Tag verfestigen sich die Dinge, bekommen eine gewisse Eindeutigkeit und Klarheit, aber in der Nacht lösen sie sich wieder auf, verflüssigen sich und werden zu Urbestandteilen, die auf eine neue Schöpfung warten. In uns ist eine Sehnsucht nach Gestaltwerdung, aber seltsamerweise auch eine »gewaltige Sehnsucht nach dem Zerfließen«, wie Novalis beobachtet hat. »Die Berauschten fühlen nur zu gut diese überirdische Wonne des Flüssigen, und am Ende sind alle angenehmen Empfindungen in uns mannigfache Zerfließungen, Regungen jener Urgewässer in uns. Selbst der Schlaf ist nichts als die Flut jenes unsichtbaren Weltmeers, und das Erwachen das Eintreten der Ebbe.«

Mir scheint, wir haben in Ernst Steiners Radierung ein wirkliches Mediationsbild vor uns, in das wir uns hineinbegeben können, um unserer Halbheit bewußt zu werden und eine Ahnung von der Ganzheit zu bekommen. – Was nach oben wächst, hat auch ein Wachstum in die Tiefe, was oben als Lichtbereich sichtbar wird, hat seine dunklere Entsprechung. Beide Seiten haben sich nötig, komplettieren einander. Dankbar dürfen wir den Morgen begrüßen, dankbar begrüßen wir die Nacht. Freude kommt auf beim Heraufkommen des blumenreichen Frühlings, Freude beim Einbruch des früchtereichen Herbstes. Und wenn auch alles, was wir sind und erleben, bruchstückhaft bleibt, die Fragmente fügen sich zusammen. Die Zweige ergeben ein Herz, die Bäume bilden ein Tor, der Regenbogen verheißt den kommenden Frieden. Wir werden nicht im Halben steckenbleiben, das bergende Rund wird schon erkennbar, aus dem wir nicht herausfallen können. Ein Stern geht auf, auch er hat in der Tiefe seine Entsprechung. Die Gnadentropfen perlen voller Verheißung hernieder: Den Wassern der Tiefe antworten die Wasser der Höhe.

Noch ist es kein paradiesisches Bild, das uns gezeigt wird, alles ist noch Verheißung und Erwartung. Noch herrscht das Dunkel vor, wenn auch die hellen Farben, vor allem das Orangegelb, allmählich den Morgen künden. Die Zweige sind noch fast alle unbelaubt, aber es wird nicht mehr lange dauern, bis alles zum Blühen kommt. Das »Ganze« kündigt sich an.

Die Spirale

*S*chon *in den steinzeitlichen Ritzungen findet sich häufig das Zeichen der Spirale, die sich in vielen Windungen nach innen oder nach außen wendet. Gibt es eigentlich eine Sinndeutung dieses Zeichens?*

Da wir die Mythen und die religiösen Vorstellungen der Menschen der vorgeschichtlichen Kulturen nicht genau kennen, sind wir auf Vermutungen angewiesen. Aber es spricht viel dafür, daß die Spirale es mit dem Leben und dem Tod zu tun hat. Windet sie sich von innen nach außen, dann wird der evolutive Prozeß der Entfaltung des Lebens dargestellt, der dynamische Vorgang der Entstehung der Dinge. Faltet sich dagegen die Drehbewegung von außen nach innen, dann geht es um die Innenwendung, das Absterben des Irdischen, um den Tod.

Ist es dabei auch wichtig, ob die Drehbewegung nach links oder nach rechts geht?

In aller Regel ist die Bewegung nach links ein Hingang zum Sterben, zum Nachlassen der Lebenskräfte, während die Spiralbewegung nach rechts die Überwindung des Todes und die Wiedergeburt versinnbildet. Auf den kretisch-minoischen Krügen findet sich häufig die Doppelspirale. Es ist ein Hoffnungszeichen, daß der Todesbewegung eine Lebensbewegung folgt, daß der Untergang als Übergang verstanden wird und daß dem Endpunkt ein neuer Beginn geschenkt wird.

Die Mythen sind oft verwoben mit den kosmischen Beobachtungen. Kann man auch die Spirale mit den Rhythmen der Himmelskörper in Verbindung bringen?

Es ist, wie so oft in anderen Zusammenhängen: Die Bewegungen von Sonne und Mond werden als die großen sinndeutenden Vorgänge angesehen, die auch menschliches Schicksal deuten können. Der Mond hat seine Phasen, er nimmt zu und nimmt wieder ab, er verschwindet fast, um dann wieder neu Gestalt zu gewinnen. Und die Sonne gewinnt im Frühling an Kraft, wird immer mächtiger, um dann im Herbst schwächer zu werden und im Winter ihre Kraft einzubüßen. Und in jeder Nacht wird die Sonne verschluckt, um am Morgen wieder geboren zu werden. Diese Vorgänge wurden im Spiralzeichen ver-

dichtet und anschaubar. Der Mensch sollte sich ebenfalls dem »Stirb und Werde« überlassen, dem Untergang folgt der Aufstieg. Das Dasein hat – nach diesem Verständnis –
zyklischen Charakter, die Fruchtbarkeit hängt davon ab, daß man auch dem Sterben
zustimmt und sich in die elementaren Wandlungsprozesse hineinbegibt.

Wenn man die Spirale nachvollzieht, vor allem das Spiralenband, bei dem immer eine Lebensspirale
eine Todesspirale ablöst und umgekehrt, hat man den Eindruck, eine »Wanderung« mitzuvollziehen,
wobei man »Hochs« und »Tiefs« erlebt. Was hat das Spiralzeichen mit dem Verlauf des menschlichen
Lebens zu tun?

Wir müssen uns vergegenwärtigen, daß es dieses Zeichen schon seit vielen Jahrtausenden
gibt, die Megalithkultur des Mittelmeers hat es gekannt, das alte Ägypten, das Zweistrom-
land, aber auch die süd- und ostasiatischen Kulturen, sogar Nordeuropa und Altamerika.
Es kann sein, daß es in Beziehung steht zu den Initiationsriten, bei denen junge Menschen
Proben zu bestehen hatten, in die religiösen Traditionen des Stammes eingeweiht wurden
und auf ihr Erwachsenendasein vorbereitet worden sind. Eine besonders wichtige Rolle
hat dabei eine kultisch-rituelle Todeserfahrung gespielt: Die jungen Leute mußten bei der
Einweihung ein »Sterben« durchleiden, damit sie auch ins größere Dasein des Erwachsenen
hineingelangen konnten. Die Spirale hat – ähnlich dem Labyrinth-Symbol – eine Verbindung zu der rituellen Initiation. Man könnte sich sogar vorstellen, daß die Spirale
ursprünglich getanzt wurde. Die Gruppe der jungen Menschen tanzte zunächst in den
Tod, um sich dann umzuwenden und wieder dem Leben entgegenzutanzen. Zunächst
war die Tanzrichtung nach innen gewendet, in einen jenseitigen Bereich des Unbewußten,
um schließlich aus dem Schneckenhaus der Todesenge wieder herauszukommen und das
Leben zu gewinnen.

Ist also die Spirale vor allem für junge Menschen wichtig, die in die Geheimnisse des Daseins
und die kosmische Verwobenheit eingeweiht werden sollen?

In jeder Lebensphase machen wir die Erfahrung von Sterben und Geborenwerden.
Selbstverständlich kann sich der Erwachsene und der alternde Mensch ebenfalls in den
Schwingungen der Spirale wiederentdecken. Je älter ein Mensch wird, um so mehr
Jahreskreise hat er erlebt, rhythmische Wiederholungen eines Zyklus von Jahreszeiten,
von denen keine völlig der anderen ähnelte. Diese Wiederholung ist also kein Kreislauf,
sondern eine aufsteigende oder absteigende Spirale. Sie kann als aufsteigend erlebt werden,
weil der Zuwachs an Erfahrung dazu beiträgt, daß wir auf eine andere Ebene kommen
und daß uns dieses höhere Niveau auch eine andere Bewußtheit schenkt. Aber wir können
sie auch als absteigende Bewegung erleben, wenn wir dadurch in die Tiefe des Geheim-

nisses eindringen und uns bisher unbekannte Dimensionen erschlossen werden. Die Spirale kehrt mit ihren Kreisbewegungen also nicht einfach an ihren bisherigen Platz zurück, sondern erreicht eine andere Stufe, auf der uns Angebote zur größeren menschlichen Reife gemacht werden.

Wir haben bisher immer auf die Spirale als vom Menschen gesetztes Zeichen hingewiesen. Aber die Natur kennt ja auch die Spirale in verschiedenen Ausprägungen. Da gibt es die unterschiedlichsten Schneckenhäuser und Muscheln mit einer schraubenförmigen Struktur, auf Tierhörnern kann man die Spirale erkennen, noch deutlicher bei manchen Pflanzen, die sich in Spiralenform entfalten. Und wenn sich eine Schlange ringelt, dann bildet sie ja ebenfalls eine Spirale.

Diese Beobachtungen hat sicher der Mensch der Frühzeit schon gemacht, er hat dieses Zeichen der Natur abgelauscht, hat es aber nun in einen eigenen Deutungszusammenhang gebracht, hat es als Schlüssel zum Verständnis seines Daseins verwendet. Wenn sich ein Farn spiralig entfaltet, dann ist das ein sichtbares Zeichen für die Fruchtbarkeit des Lebens, darin konnte sich der Mensch wiedererkennen. Und wenn er beobachtete, wie sich die Schlange aus ihrer spiralartigen Ruhestellung erhob, dann konnte er darin ein Bild finden für das Erwachen seiner Lebenskräfte und die Vorgänge der Bewußtwerdung und Erleuchtung, die in Indien als das Erwachen der Kundalini-Schlange beschrieben werden.

Vielleicht könnte man sagen: Die Spirale ist in ganz besonderer Weise ein Hoffnungszeichen des Menschen, weil es einerseits den Vorgang der Selbstbesinnung beschreibt, des Innewerdens seiner verborgenen Wurzeln, weil es andererseits einen Weg nach außen und nach oben weist, auf neue Entwicklungen, auf das Neue, was noch nicht erschienen ist, weil Heiliger Geist es erst möglich machen will.

Der Spiegel

Es ist schon einige Jahrzehnte her, daß ich den Cocteau-Film »Orpheé« sah. Mir ist daraus noch ein Bild in Erinnerung. Der Spiegel wird zum Tor in die Jenseitswelt: Die Gestalten gehen mit ausgestrecktem Arm in den Spiegel hinein, der sich einen Moment kräuselt wie die Oberfläche des Wassers, dann sind sie verschwunden. Wieso hat man gerade den Spiegel als den Begegnungsort zwischen Diesseits und Jenseits gewählt?

Cocteau war ja ein guter Kenner der antiken Mythen und hat sicher von der hohen Bedeutung des Spiegels als dem Verbindungspunkt der Welten gewußt. In manchen Kulturen verstand man die ganze Schöpfung als Spiegelung des Schöpfergottes. Das Urbild ist in der jenseitigen Welt, hier im Diesseits finden sich nur Abbilder, die Schatten der wahren Wirklichkeit.

Wir sehen es ja eher umgekehrt: Was im Spiegel auftaucht, hat nur Scheincharakter, wird uns »vorgespiegelt«, während die wirklichen Dinge tatsächlich vorhanden sind.

Aber man hat immer einen magischen Zusammenhang zwischen dem Urbild und dem im Spiegel auftauchenden Abbild gesehen. Der Spiegel dient ja der Selbstbegegnung: Wenn ich vor ihn trete und aufmerksam hineinschaue, dann kann ich erfahren, wie es um mich steht. Allerdings bedarf es eines gewissen Mutes, dem ungeschönten und ungeschminkten Antlitz standzuhalten, weil es uns ja auch die eigenen Unvollkommenheiten zeigt, die Signale des Alterns, die Auswirkungen unseres Lebensstils.

Dazu fällt mir natürlich der »Dorian Gray« von Oscar Wilde ein, der seine Jugendschönheit behält, während sein Spiegelbild den wahren Sachverhalt, den allmählichen Zerfall, zeigt. Hier ist auf eindrucksvolle Weise narzißtische Flucht vor der Wahrheit und vielleicht auch die Wirksamkeit einer gesteigerten Kosmetik (einschließlich der heute möglichen Schönheitsoperationen) aufs Korn genommen.

Man hat den Spiegel immer als ein besonders kennzeichnendes Symbol der menschlichen Seele betrachtet. Die Augen wurden als »Spiegel der Seele« verstanden. Die Seele war ihrerseits der Spiegel des Universums, weil alles auf sie einwirkt und Spuren in ihr hinterläßt. So sehr hat man den Spiegelcharakter der Seele betont, daß man beim Tod eines Menschen die Spiegel im Sterbezimmer verhängt hat, damit die Seele des Verstorbenen den Ort des Sterbens verlassen kann und nicht in einem Spiegel festgehalten wird.

Aber der Spiegel hat auch andere Seiten. Im Märchen vom Schneewittchen wird erzählt, daß er wahrsagende Kraft hat: Er kann sagen, wer die Schönste im Lande ist.

Es ist hier wie überall in der Symbolik: Die Symbole sind ambivalent, sie weisen in verschiedene Richtungen, je nachdem, in welchen Zusammenhang man sie rückt. Der Spiegel kann zum Inbegriff der Eitelkeit werden: Der Hineinschauende will dann nur bestätigt werden, er sieht nur das, was er sehen will, er möchte sich an der eigenen Schönheit berauschen.

Das ist der Spiegel des Narziß, der ja mit sich selbst konfrontiert ist, ohne zu wissen, daß er sich in sein Ebenbild verliebt hat. Er kann sich nicht überschreiten, sondern verbleibt in dieser Eigenliebe.

Aber der Spiegel kann auch zum Medium einer wahrhaftigen Selbstbegegnung werden. Der Schauende bekommt einen Blick in seinen Seelenzustand gewährt. Und wer klug ist, also bereit, die Wirklichkeit zu vernehmen, wie sie ist, der kann zur Selbsterkenntnis gelangen. Der Spiegel hat ja eine »reflektierende« Wirkung, er kann also zur Reflexion anleiten, das lateinische Wort für Spiegel – speculum – hat etwas mit »Spekulation« zu tun, der kühnen und kritischen Schau ins Noch-nicht-Erschienene.

Offensichtlich kann man sehr unterschiedlich in den Spiegel schauen, mit Voreingenommenheit oder in offener Bereitschaft, sich dem zu stellen, was sich zeigt.

Auf diesen Zusammenhang machen auch manche Worte der Bibel aufmerksam. Das Buch der Weisheit versteht die Sophia, die von Gott kommende Weisheit, als einen Spiegel: »Sie ist der Widerschein des ewigen Lichts, der ungetrübte Spiegel von Gottes Kraft, das Bild seiner Vollkommenheit« (Weisheit 7,26). Und im Jakobusbrief wird das Wort der Botschaft Gottes als Spiegel verstanden, das uns nicht nur zur Erkenntnis der eigenen Person, sondern auch zum rechten Tun führt. »Wer das Wort nur hört, aber nicht danach handelt, ist wie ein Mensch, der sein eigenes Gesicht im Spiegel betrachtet: Er betrachtet sich, geht weg, und schon hat er vergessen, wie er aussah« (Jakobusbrief 1,23f.).

Ein anderes Schriftwort hab ich noch viel lieber, es handelt davon, daß wir in unserer jetzigen Existenz immer nur andeutungshaft und vorläufig erkennen, wie in einem undeutlichen Spiegel, und daß unsere Sehnsucht dahin geht, besser, weil direkter, sehen zu können. Es ist das paulinische Wort aus dem 13. Kapitel des ersten Korintherbriefes:

»Jetzt schauen wir in einen Spiegel
und sehen nur rätselhafte Umrisse,
dann aber schauen wir von Angesicht zu Angesicht.
Jetzt erkenne ich unvollkommen,
dann aber werde ich durch und durch erkennen,
so wie ich auch durch und durch erkannt worden bin.«

1. Korintherbrief 13,12

Aber noch eine letzte Anfrage: wie kommt es eigentlich, daß man dem Spiegel auch apotropäische Wirkung zuschreibt? Er soll Dämonen abweisen können. Häufig sind Spiegel deshalb wie Amulette benutzt worden.

Man hatte die Auffassung, Dämonen hätten kein Spiegelbild (wie sie auch keinen Schatten werfen könnten). Ja, der Teufel fürchtet sein Ebenbild, er kann sein eigenes Konterfei nicht ertragen. Deshalb kann – so meinte man – ein Spiegel vor den Nachstellungen teuflischer Mächte bewahren. – Dahinter steht wohl folgender Gedanke: Der Teufel kann sich selbst nicht als Spiegel des göttlichen Lichtes begreifen, er will nicht die Güte und Liebe des Schöpfers widerspiegeln, deshalb ist er häßlich geworden und hat von seiner eigenen Wesenheit und Schönheit eingebüßt. Das kann und will er aber nicht zugeben, deshalb verweigert er den Blick in den Spiegel, der ihm seine eigene Erbärmlichkeit zeigen würde. – Maria dagegen wird »speculum iustitiae« genannt, Spiegelbild der göttlichen Gerechtigkeit. Und Franziskus wurde schon früh mit dem Ausdruck »speculum perfectionis« gekennzeichnet: Spiegel der Vollkommenheit. Sie empfanden es nicht als Demütigung, sondern als Auszeichnung, »nur« Spiegel zu sein, nichts anderes zu tun, als die Liebe Gottes widerzuspiegeln.

Es klagen Sterne, Mond und Sonne

Im Jahre 1977 wurde in Wien ein Mysterienspiel des Kaisers Leopold I., das seine Uraufführung im Jahre 1668 erlebt hatte, wieder aufgeführt. Es ist eine »Heilige Handlung für das Grab des Herrn« mit dem Titel »Die Trauer des Weltalls«. Als Christus gekreuzigt wird, da trauern nicht nur die Jünger und seine Mutter Maria, es trauern auch die Elemente.

»Ringsum von Schrecken umzingelt
verdüstert sich schon der Himmel,
es trauern und klagen die Sterne, der Mond,
die Sonne und selbst die Elemente.«

Als aber Feuer, Wasser, Luft und Erde die ganze verdorbene Welt vernichten wollen, tritt die Göttliche Barmherzigkeit auf und offenbart, daß ja die Kreuzigung Jesu dem Heil und der Erlösung der Welt dienen soll.

Ernst Steiner schuf für diese Aufführung das Bühnenbild, auch diese Farbradierung entstand im Zusammenhang mit dem Mysterienspiel des Kaisers Leopold. Der Grundcharakter des Bildes ist von der Trauer geprägt, ein Graubraun herrscht vor, selbst die helleren Farbtöne sind ohne Fröhlichkeit. Das prägende Element des Bildes

ist der Berg Golgotha mit dem aufgerichteten Kreuz. Ein Weg schlängelt sich zur Spitze und lädt zum Gang auf den Kreuzberg ein. Der abnehmende Mond und die Sonne stehen als Zwillingssterne zu beiden Seiten des Kreuzes, beide weinen, ebenso die beiden roten Sterne neben ihnen. Es ist ein ganzer Tränensee oder Tränenstrom entstanden, der weiter anschwillt. Ein Stern ist vom Himmel gefallen und bohrt sich in den Boden, in den schon andere erloschene Sterne gestürzt sind.

Eine mythische Szene: Die Himmelskörper werden personhaft vorgestellt, auch sie sind von Trauer erfüllt und können das Geschehen der Kreuzigung nicht fassen. In unseren Tagen werden uns ganz bestimmte Assoziationen kommen, wenn wir dieses Bild betrachten. Die Erde fällt in Trauer, sie muß weinen, weil der Mensch, der Statthalter Gottes in der Schöpfung, sein Amt so schlecht verwaltet. Die Natur ist gekreuzigt, der Boden wird ausgelaugt, die Flüsse werden zu giftigen Rinnsalen, die Seen und Meere drohen umzukippen, das Leben in seiner Vielfalt und seinem Reichtum ist gefährdet. Wenn der Smog herrscht, ist die Sonne nicht mehr zu sehen, der Mond und die Sterne haben sich zurückgezogen.

Was vor über 800 Jahren die rheinische Seherin Hildegard von Bingen geschaut hat, das wird in unseren Tagen schaurige Gegenwart: »Ich hörte, wie sich mit einem wilden Schrei die Elemente der Welt an den Mann Gottes wandten. Und sie riefen: ›Wir können nicht mehr laufen und unsere Bahn nach unseres Meisters Bestimmung vollenden. Denn die Menschen kehren uns um mit ihren schlechten Taten wie in einer Mühle von unterst zu oberst. Wir stinken schon wie die Pest und vergehen vor Hunger nach der vollen Gerechtigkeit... Alle Winde sind voll vom Moder des Laubes, und die Luft speit Schmutz aus, so daß die Menschen nicht einmal recht ihren Mund aufzumachen wagen. Auch welkt die grünende Lebenskraft durch den gottlosen Irrwahn der verblendeten Menschenseelen.‹«

Das Bild von Ernst Steiner klagt nicht an, aber es gibt der Trauer und der Klage Raum. Der beklagenswerte Zustand der Erde wird eingefangen. Wenn selbst Sonne und Mond weinen, wenn die Elemente sich in Trauerkleidung werfen, wenn das Licht sich verdüstert, müßt ihr Menschen dann nicht endlich aufwachen und merken, was ihr angestellt habt?

Die prophetische Äbtissin Hildegard hat dieser Klage, aber auch der Hoffnung auf Heilung in einem ihrer Lieder auf bewegende Weise Klang verliehen:

»Alle Elemente brachen aus in Aufruhr,
und voll Entsetzen klagend schrien sie auf,
weil sie berührte ihres Schöpfers Blut –
O heile uns von unserm Siechtum!«

Der Edelstein

Wer an kostbares Geschmeide denkt, dem fällt nicht nur Gold und Silber ein, er wird gleich auch Edelsteine vor sich sehen, geschliffene Saphire, Smaragde oder Opale, Achatscheiben oder leuchtende Rubine. Es geht eine Faszination von den Edelsteinen aus, weil sie nicht nur einen hohen materiellen Wert haben, sondern weil ihre Leuchtkraft und ihre geheimnisvolle Farbigkeit uns immer wieder erfreuen. Aber es sieht ganz so aus, als hätten die Menschen den Steinen auch noch magische Kräfte zugetraut.

Vielleicht hängt das schon damit zusammen, daß die Edelsteine häufig tief in der Erde gefunden werden, manchmal werden sie ja auch von den Bergbächen herausgeschwemmt und nach oben getragen. Ihre Härte und ihr Alter machen sie zu merkwürdigen Urbestandteilen der Erdgeschichte; es sind Schätze aus der Tiefe, aber ihre Herkunft scheint eher in den himmlischen Höhen zu liegen. Hildegard von Bingen, die viel über die Edelsteine nachgedacht, aber auch mit ihnen experimentiert hat, sieht in ihnen eine Erinnerung an den Glanz des Paradieses. In der Vorrede zu ihrem Steinbuch sagt sie: »Vor den Edelsteinen schreckt der Teufel zurück, haßt und verachtet sie, weil sie ihn daran erinnern, daß ihr Glanz schon erschien, ehe er aus seiner Pracht herabstürzte, die Gott ihm verliehen hatte, und weil einige Edelsteine in dem Feuer entstanden, in welchem er gestraft wird.« Diese Einschätzung hat wohl dazu geführt, manche Edelsteine (z.B. den Türkis) als Schutzmittel gegen die Dämonen anzusehen; ein Amulett mit diesem Stein versprach eine Abwehrkraft gegen satanische Verführung.

Dann sind also die Edelsteine nicht nur wegen ihres funkelnden Glanzes geliebt und zu Schmuckstücken verarbeitet worden?

Selbstverständlich ist die Schönheit und Leuchtkraft vieler Steine ein Hauptgrund für ihre Beliebtheit. Daneben waren die edlen Steingebilde auch repräsentative Zeichen der Macht und des Einflusses. Könige und Herrscher umgeben sich mit edelsteingeschmückten Insignien und wollen damit ihr Ansehen und ihren Glanz erhöhen. Dazu kam die geradezu magische Bedeutung, die man manchen Steinen beimaß.

Aber die religiöse Bedeutung vieler Steine läßt sich doch wohl nicht allein aus ihrer Schönheit ableiten, da muß doch alles mögliche zusammengekommen sein.

Folgende Beobachtung spielt eine besondere Rolle: Wenn die Edelsteine gefunden werden, haben sie oft genug eine unscheinbare Gestalt, sie sind ungleichmäßig, nicht selten liegt eine wertlose Steinschicht um den eigentlichen »Kern«. Nun werden sie behandelt und geschliffen. Durch diese Veredelung bekommen sie ihr Ebenmaß und ihre Leuchtkraft. Das hat man so zu deuten gesucht: Auch der Mensch hat zwar mit seiner Geistseele eine unvergleichliche Kostbarkeit mitbekommen, aber er muß an sich arbeiten, muß sich einer Übung und »Veredelung« unterziehen, damit sich seine ganze Schönheit entfalten kann. So erinnern uns die geschliffenen und kostbar gefaßten Edelsteine an die Arbeit an unserer eigenen Person, damit wir das göttliche Licht widerspiegeln können, das in uns angelegt ist. – Vielleicht ist auch die immerwährende Suche nach dem »Stein der Weisen« der Alchimisten ein Bild für diese verborgene Kostbarkeit der Seele, die erst noch ans Tageslicht kommen soll.

Wie steht es aber nun mit der Besonderheit ganz bestimmter Steine? Schließlich hat man ja jedem einzelnen Edelstein eine ganz eigene Wirksamkeit zugesprochen.

Das ist eine lange Geschichte und sie ist so vielschichtig, daß sie hier gar nicht erzählt werden kann. Nur auf ein paar Einzelheiten kann hingewiesen werden. Der blaue Lapislazuli galt als heiliger Stein, der deshalb besonders hochgeschätzt wurde. – Vom Saphir nahm man an, daß er eine himmlische Schönheit habe und er deshalb eine besondere Nähe zu Gott und seiner Wahrheit besäße. Es war auch der Stein meditativer Versenkung. – Der Amethyst wurde als Inbegriff der Demut verstanden, er sollte zum Frieden mit sich selbst verhelfen, aber auch Heilungskraft haben. – Der Diamant wurde wegen seiner außergewöhnlichen Härte zum Symbol der Unzerstörbarkeit und Standhaftigkeit. – Der Karfunkel stand für mutige Entschlossenheit und Kampfbereitschaft, seine Steine wurden aber auch häufig in das Kreuz eingesenkt und standen für die Wunden Jesu bei seiner Passion. – Der Kristall wurde wegen seiner Klarheit geschätzt und war die sichtbare Lauterkeit, man vermutete aber auch eine geheime Zauberkraft in ihm. – Der Rubin mit seinem strahlenden Rot wurde als Zeichen königlicher Würde verstanden, er sollte auch für die Unverletzlichkeit stehen. – Der Opal war der Stein, der Zuversicht und durchgehaltene Treue versinnbildete. – Der Smaragd wies auf die Unsterblichkeit und die frühlinghafte Jugendkraft hin. Aber es gibt noch viel mehr Bedeutungsschichten, manche hat man an der Eigenart und Farbigkeit abgelesen, andere aus mythischen Traditionen bezogen.

Auch in der Bibel ist ja oft von Edelsteinen die Rede. Gerade wenn von Visionen berichtet wird, sollen die kostbaren und leuchtenden Steine das Geschaute in seiner Herrlichkeit verdeutlichen. Im Lobgesang des alten Tobit, der im Exil sterben muß, wird das wiedererrichtete und zurückgewonnene Jerusalem so geschildert:

> *»Jerusalem wird wieder aufgebaut aus Saphir und Smaragd;*
> *seine Mauern macht man aus Edelstein,*
> *seine Türme und Wälle aus reinem Gold;*
> *Jerusalems Plätze werden ausgelegt*
> *mit Beryll und Rubinen und mit Steinen aus Ofir.«*

Tobit 13,17

Und noch ausführlicher und reicher ist die Vision vom himmlischen Jerusalem, wie sie uns in der Geheimen Offenbarung vorgestellt wird. »Die Grundsteine der Stadtmauer sind mit edlen Steinen aller Art geschmückt; der erste Grundstein ist ein Jaspis, der zweite ein Saphir, der dritte ein Chalzedon, der vierte ein Smaragd, der fünfte ein Sardonyx, der sechste ein Sardion, der siebte ein Chrysolith, der achte ein Beryll, der neunte ein Topas, der zehnte ein Chrysopras, der elfte ein Hyazinth, der zwölfte ein Amethyst« (Offenbarung 21,19.20). Hier wird alles zusammengestellt, was an Kostbarkeiten nur denkbar ist, denn neben den Edelsteinen schmücken ja auch Gold und Perlen diese unvergleichliche Stadt der Endzeit. – Wenn schon der jüdische Hohepriester in seinem Brustschild zwölf Edelsteine trug, die die zwölf Stämme versinnbilden, dann sind die zwölf Edelsteine des kommenden Jerusalem ein Hinweis auf die Zwölfzahl der Apostel, aber auch auf das ganze Gottesvolk, das in die himmlische Stadt eingehen soll. Im Mittelalter hat man noch zusätzlich den zwölf Monaten und ihren Tierzeichen jeweils einen Edelstein beigefügt.

Die Symbolik in allen Ehren, aber zunächst fallen immer ins Auge die Schönheit und die edle Leuchtkraft der Edelsteine. Auch die kristalline Gestalt vieler Steine, selbst wenn sie nicht geschliffen sind, kann uns überwältigen. Was gibt es da für eigenartige Zauberhöhlen und Kristallberge, schroffe Gebirgszüge mit kühnen Zacken und vieleckigen Figuren. Wenn man auch nur ein wenig Phantasie hat, kann man in diesen Gebilden alle möglichen Gestalten entdecken. Und wenn man dann noch hört, daß solche Steine 30 oder 50 Millionen Jahre alt sind und seither ihre Prägung nicht mehr verändert haben, kommt uns ein Staunen an, weil wir uns wie Eintagsfliegen empfinden. Es leuchtet ein, in den edlen Steinen Unvergänglichkeit und Ewigkeit zu erahnen.

Die Sterne am Himmel

Sehr viele Sternbilder kenne ich zwar nicht, den großen Bären kann ich identifizieren, natürlich auch den Orion in der Winterzeit, und trotzdem freue ich mich immer, wenn wir eine klare Nacht haben und die Vielzahl der Sterne sichtbar und erlebbar wird. Was macht eigentlich die bleibende Faszination der Sterne aus?

Vermutlich wird sich kein Betrachter des nächtlichen Sternhimmels dem Eindruck der überwältigenden Größe des Firmaments entziehen können im Eingeständnis der eigenen Kleinheit. Wenn Abraham aufgefordert wird: »Zähle die Sterne!«, dann versteht es sich von selbst, daß er dieser Anweisung nicht folgen kann. Auch der moderne Astronom mit imposanten technischen Hilfsmitteln kann die Sterne nicht zählen, er kann höchstens die Sternhaufen und Spiralnebel bestimmen und beschreiben.

Neben der unfaßlichen Größe des Universums läßt uns ein zweiter Aspekt staunen, wenn wir uns den Sternen zuwenden: Sie sind Inbegriff der großen Weltordnung, die Garantie für die Verläßlichkeit der Schöpfung. Schon die Menschen der alten Kulturen haben ehrfürchtig die Gesetze der »Himmelsmechanik« bewundert, haben die komplizierten Bahnen der Planeten berechnet und sich gefragt, wer sich hinter diesem gewaltigen »Himmelszelt« verbergen könne.

Sehr früh ist auch die Vorstellung aufgekommen, daß die Sterne – so weit entfernt sie auch von uns sein mögen – die Erde und sogar das Leben des Menschen beeinflussen können. Besondere Sternkonstellationen und auffallende Himmelserscheinungen (Sonnen- und Mondfinsternisse, das Auftauchen von Meteoren und Meteoritenschwärmen) hat die Phantasie beflügelt. Man hat solche Phänomene als Vorzeichen von Ereignissen gedeutet. Selbst die Bibel, die der Sterndeuterei eher skeptisch gegenübersteht, enthält die Geschichte vom Stern von Bethlehem, der die neutestamentliche Heilszeit ankündigt, den Anbruch einer neuen Ära.

Vorstellungen von der Einwirkung der Sterne und Planeten auf den Menschen finden wir überall auf der Erde. In manchen Kulturen glaubte man sogar, die Seelen der Menschen seien aus den Sternen auf die Erde gefallen und hätten sich dann verkörpert.

Danach hat jeder »seinen« Stern, was vielleicht die Vorstellung vom Glücksstern hervorgerufen hat.

Wir tun uns heute schwer, noch die Sternbilder am Himmel wahrzunehmen. Eine Waage oder einen Löwen, die Fische oder den Skorpion »sehen« wir eigentlich nicht mehr, uns fallen höchstens noch Sterngruppen auf, die in gewisser Weise zusammengehören mögen. Leichter ist es bei den Planeten, weil sie einer anderen Bahn folgen und manchmal besser und manchmal weniger gut zu beobachten sind. Die Venus, die wir als Morgen- und als Abendstern bewundern können, hat eine Sonderstellung: Sie kündigt den kommenden Tag an und begleitet uns am Abend.

Von den Fixsternen hat der Polarstern eine besondere Bedeutung, weil er immer nach Norden zeigt und sich – im Gegensatz zu allen übrigen Sternen – nie bewegt. Deshalb spielte er als Orientierungshilfe der Seeleute eine große Rolle, an ihn konnte man sich halten.

Nach der traditionellen Betrachtungsweise gehören Sonne und Mond zu den Planeten (weil sie scheinbar alle die Erde umkreisen). Ist in der Symbolsprache der Völker eigentlich eine gewisse Gemeinsamkeit in der Kennzeichnung von Sonne und Mond zu konstatieren?

Die Sonne hat als das beherrschende Taggestirn natürlich überall eine dominante Stellung. Sie ist der Inbegriff von Leben, die Kraft ihrer Strahlen bewirkt das Wachstum, das Sonnenlicht erhellt nicht nur unsere Welt, sondern hat auch eine schöpferische Wirkung. Allerdings kann sich ihre Wärme zur unerträglichen Hitze steigern und dann bedroht sie das Leben wieder, das sie hervorgebracht hat. Außerdem ist die Sonne einem Wandel unterworfen: Jeden Abend geht sie unter, wird, wie viele Mythen erzählen, verschluckt, und muß am nächsten Morgen wieder neu geboren werden. Im Winter nimmt ihr Einfluß ab, sie wird immer schwächer und ihr muß erst durch ein »Frühlingsopfer« wieder zur vollen wirksamen Kraft verholfen werden. So wird sie auch zu einem Sinnbild der Auferstehung. Es ist kein Zufall, daß man in der frühen Kirche das heidnische Fest vom Sol Invictus, dem unbesiegten Sonnengott, zum Geburtsfest Christi gemacht hat, der als »Sonne der Gerechtigkeit« verehrt wurde.

Unsere Sprache gleicht einer verkehrten Welt, weil wir die Sonne mit einem weiblichen Prädikat und den Mond mit einem männlichen versehen. Die Mythen scheinen eine andere Sprache zu reden, da ist eigentlich immer von einem »Sonn« und der »Möndin« die Rede.

In den meisten Kulturen wird der Sonne die männlich zeugende Rolle zugeschrieben, dem Mond, der sein Licht von der Sonne empfängt, die weibliche. Auch der Tag wurde gewöhnlich dem Mann zugeordnet, die Nacht der Frau. Das Gold empfand man als das Edelmetall der Sonne, das Silber war das »Mondmetall«.

Die alten Mutterkulte haben auch die Gezeiten des Mondes mit der Regel der Frau in Verbindung gebracht. Der Mond bewirkt Fruchtbarkeit und Wachstum. Man muß seinen Wandel beobachten, wenn man eine gute Ernte erreichen will. Und weil der Mond die Zeit bestimmt, deshalb ist er auch zuständig für die Entbindung und Geburt eines Kindes.

Übrigens darf man Sonne und Mond nicht als gegensätzliche Mächte betrachten, die miteinander rivalisieren: Sie gehören zusammen, bilden das große herrscherliche Paar von König und Königin und teilen sich die Macht als Beherrscher von Tag und Nacht. Es gab Zeiten (vor allem im Matriarchat), da stand die Mondverehrung im Vordergrund, während in anderen Epochen der Sonne die größere Bedeutung zugesprochen wurde.

Zu den großen Dichtungen auf die Sonne gehört der berühmte Hymnus des Pharao Echnaton, dessen Beginn lautet:

> »Du erscheinst so schön im Lichtorte des Himmels,
> du lebendige Sonne, die zuerst zu leben anfing!
> Du bist aufgeleuchtet im östlichen Lichtorte
> und hast alle Lande mit deiner Schönheit erfüllt.
> Du bist schön und groß, glänzend und hoch über allen Landen.
> Deine Strahlen umfassen die Länder, bis zum Ende alles dessen,
> was du geschaffen hast.«

Hier wird deutlich, daß man die Sonne als Erscheinungsform des Gottes angesehen hat. Eine machtvollere Repräsentanz war gar nicht vorstellbar, seine Kraft und Wirksamkeit war vor aller Augen offenbar.

In der Bibel dagegen sind Sonne und Mond nur die an den Himmel gesetzten »Lichter«, die Himmelslaternen für den Tag und die Nacht. Allerdings kennt auch die Bibel einen herrlichen Sonnenhymnus:

> »An den Enden der Erde hat Er der Sonne ein Zelt gebaut.
> Sie tritt aus ihrem Gemach hervor wie ein Bräutigam;
> sie frohlockt wie ein Held und läuft ihre Bahn.
> Am einen Ende des Himmels geht sie auf
> und läuft bis ans andere Ende;
> nichts kann sich vor ihrer Glut verbergen.«

Psalm 19,5-7

Jenseits

Bei manchen Erlebnissen geraten wir an Grenzen, betreten eine Zone des Übergangs, und merken, daß ein anderer Bereich heraufkommt, den wir nicht kennen und der mit anderen Maßen gemessen werden muß. Schon das Einschlafen am Abend entläßt uns in ein Land anderer Wirklichkeit, das uns immer wieder verwundern kann, weil wir nie geschaute Welten durchwandern und unbekannten Wesen begegnen, wo wir Fähigkeiten haben, die uns sonst nicht gegeben sind.

In eine »Anderswelt« gelangen, das hat wohl meist zwei Aspekte: Das Neue und Unbekannte lockt uns und zieht uns unwiderstehlich an, aber es ruft auch Ängste hervor und die bange Erwartung, ob wir der Erfahrung überhaupt standhalten können. Etwas in uns drängt danach, die Grenzen des Gewohnten und Vertrauten zu überschreiten und ein Neuland zu gewinnen, aber es ist auch eine warnende Stimme da, die uns rät, den uns zugewiesenen Bereich nicht zu überschreiten.

In einer Prosaskizze hat Rainer Maria Rilke einmal eine Grenzerfahrung für sich zu deuten versucht. Er berichtet, daß er sich in die Gabelung eines strauchartigen Baumes lehnte und sich dort »völlig eingelassen in die Natur« fühlte und nur die »fast unmerklichen Schwingungen« des Bau-

mes in sich übergehen spürte. Allmählich hatte er den Eindruck, eine »feine und ausgebreitete Mitteilung« zu empfangen, und er wurde in einen veränderten Zustand überführt, den er nur so verstehen konnte, als sei er »auf die andere Seite der Natur geraten«. Mehr geschah nicht, und dennoch hatte er anschließend den Eindruck, eine neue Sehkraft gewonnen zu haben, »als ob nun nichts mehr zu verbergen sei«. Er hatte einen neuen Abstand zu den Dingen bekommen, konnte sie aber »zugleich irgendwie wahrer« aufnehmen. Er hatte einen »außerordentlichen Zustand« erlebt, ohne ihn festhalten zu können oder zu wollen.

Wer könnte sich unterfangen, ein solches Erlebnis zu deuten? Es ist gemacht worden, und der Dichter hat es mit sprachlichen Mitteln festgehalten, – in gewissem Sinn – nachvollziehbar gemacht. – Es mag sein, daß wir beim Lesen auf vergleichbare Erlebnisse aufmerksam werden, die sicher einen anderen Charakter hatten und in unserem Leben seinen eigenen Stellenwert, die aber auch auf ähnliche Weise gekennzeichnet werden könnten: vielleicht sind wir auf die »andere Seite« gelangt, haben einen bisher nicht zugänglichen Wirklichkeitsbereich entdeckt.

Was malt Ernst Steiner für ein Bild? Im Vordergrund ist ein Abhang zu sehen, eine Landschaftskante, die mit Zypressen besetzt ist und eine Reihe von Kreuzen (Grabsteinen?) zeigt. Die Zypresse wird sowohl als Lebens- wie als Todesbaum verstanden; sie steht häufig auf Friedhöfen, wo sie den Doppelaspekt des Daseins darstellt: Man schrieb der Zypresse die Fähigkeit zu, den Körper vor der Zersetzung und und der Fäulnis zu bewahren. In der Antike war dieser Baum verschiedenen Göttern zugeordnet, vor allem aber dem Hades und der Persephone, den Unterweltsgottheiten. Im Bild markieren die Zypressen, die Kreuzsteine und die Kante wohl die Grenze in der irdischen Daseinserfahrung. Der Grenzbereich hat es mit dem Tod zu tun, mit dem Ende der bisher vertrauten Möglichkeiten. Die Elemente dieser Grenzzone sind auch in düsteren Farben gemalt. – Dann aber öffnet sich ein weites Land, eine Gebirgszone, deren Berge aus leuchtendem Marmor zu bestehen scheinen. Und die vielen Spitzen steigen alle steil nach oben, als würden sie von einer seltsamen Kraft angezogen. Ohne Ende lassen sich immer neue Hügelgruppen sehen. Dazwischen scheinen bewaldete Täler zu liegen, Wege schlängeln sich hindurch. Es ist viel Platz hier, unermeßliche Räume verlocken zum Eintritt.

Der Jenseitsbereich ist nicht darstellbar. Kein Maler kann die uns entzogenen Dimensionen einfangen. Wir kommen immer nur bis zur Grenze. Aber wir haben Ahnungen und dürfen manchmal Erfahrungen machen, die uns einen Blick ins Verborgene erlauben. Nicht zufällig ist es die Weite und das Licht, die in Steiners Bild zwar nicht das Jenseits darstellen, aber eine Richtung andeuten.

Die Dichter aller Jahrhunderte haben nicht aufgehört, die Sonne zu preisen und die Angewiesenheit des Menschen auf ihr Licht aufzuweisen. So hat Ingeborg Bachmann ein Gedicht »An die Sonne« geschrieben, das beginnt:

> »Schöner als der beachtliche Mond und sein geadeltes Licht,
> Schöner als die Sterne, die berühmten Orden der Nacht,
> Viel schöner als der feurige Auftritt eines Kometen
> Und zu weit Schönrem berufen als jedes andre Gestirn,
> Weil dein und mein Leben an ihr hängt, ist die Sonne.«

Der Windhauch und der Atem

Wir haben bisher über sichtbare und greifbare Dinge und Phänomene gesprochen, wie das Tor und den Garten, den Baum und die Brücke. Der Wind ist so anders, daß wir ihn kaum in die gleiche Reihe mit Quelle und Rose stellen können. Der Wind ist gerade das Ungestalte, das Formlose, was wir nicht »packen« können, weil es sich entzieht.

Uns fällt gleich der Satz ein: »Der Wind weht, wo er will«, doch können wir seine Wirksamkeit beobachten, ist er doch ein Formgeber, der die Landschaft prägt, das Meer aufwühlt, den Sand weiterträgt, die Bäume beugt. Ist der Wind für uns nicht immer der Inbegriff des Lebens, der eine Veränderungskraft hat, der alles erneuert und Anstöße für nötig gewordene Wandlungen gibt? Und weil wir im Atem den Wind gleichsam in uns haben, ist dieser Lebenshauch etwas unmittelbar Vorhandenes, in jedem Augenblick zu beobachten.

Aber genauso können wir sagen, daß der Wind verweht, daß er immer das flüchtige Element ist. Und wenn es in der Bibel heißt: »Alles ist Windhauch, Haschen nach Wind. Der Wind dreht nach Süden, dreht nach Norden, dreht, dreht, weht, der Wind. Weil er sich immerzu dreht, kehrt er zurück, der Wind« (Kohelet 1,2.6), dann ist das kein besonders tröstlicher Satz, sondern ein resignierter Stoßseufzer: Alles ist eitel, alles ist vergeblich.

Das ist eine wichtige Erfahrung, die wir in unserer Welt machen können: Alles Gestaltete löst sich auf, die Form zerrinnt wieder. Rilke hat diesem Gedanken in der achten Duineser Elegie gewissermaßen klassischen Ausdruck gegeben:

> »Und wir: Zuschauer, immer, überall,
> dem allen zugewandt und nie hinaus!
> Uns überfüllts. Wir ordnens. Es zerfällt.
> Wir ordnens wieder und zerfallen selbst.«

Aber daneben steht eine andere Erfahrung: Der Geisthauch beflügelt uns, wir werden von einem spirituellen Impuls erfaßt, lassen uns begeistern und entdecken in uns eine verändernde Kraft. Die beiden Wirkweisen des Windes lassen sich nicht gegenseitig ausspielen, sie stehen nebeneinander und müssen beide bedacht werden.

Es ist ja auch zu fragen, warum in den verschiedenen Religionen der Wind und vor allem der Sturm mit den Göttern in Verbindung gebracht werden. Ein solcher Machterweis konnte nur von den Göttern bewirkt werden.

In der griechischen Antike hat man den Winden Namen gegeben, wohl auch deshalb, weil man diesen namentlich anrufbaren Wesen auch Opfer darbringen und sie gnädig stimmen wollte. Der rauhe Nordwind war der Boreas, der milde Westwind der Zephyr, der Südwind war Notos, der Ostwind Euros. – In der biblischen Welt waren die Winde zwar nicht gerade göttliche Wesen, aber sie wurden doch als die Boten Gottes empfunden: »Du machst dir die Winde zu Boten«, heißt es in Psalm 104,3. Und der erneuernde Geisthauch, der das Antlitz der Erde neu werden läßt, wurde als der göttliche Atem erhofft.

Mir fällt dazu eine Tagebuchnotiz von Sophie Scholl vom 9.8.1942 ein, einige Monate vor ihrer Verhaftung und Hinrichtung geschrieben. Sie schreibt sich einen Traum auf, in dem sie sich auf einem Spaziergang mit dem Bruder Hans und dem Freund Alexander Schmorell erlebt. Hans hat eine Eingebung und sagt, es gebe einen ganz einfachen Gottesbeweis, der die Wirksamkeit Gottes in unserer Gegenwart einsichtig mache. »Die Menschen müssen doch soviel Luft haben zum Atmen und mit der Zeit müßte doch der ganze Himmel verschmutzt sein von dem verbrauchten Atem der Menschen. Aber, um den Menschen diese Nahrung für ihr Blut nicht ausgehen zu lassen, haucht Gott von Zeit zu Zeit einen Mund voll seines Atems in unsere Welt, und der durchsetzt die ganze verbrauchte Luft und erneuert sie. So macht er das.« Und dann holte Hans tief Luft und stieß die ganze Luft zu seinem Mund heraus. – In einem wunderbaren mythischen Bild hat Sophie Scholl die Erneuerungskraft durch die frische Luftzufuhr Gottes im Traum erleben dürfen.

Dieser Traum ist wirklich ein Geschenk. Er verwendet Bilder, wie sie in ähnlicher Weise auch in der Bibel vorkommen. Eine grandiose Szene schildert Ezechiel, der von Gott in eine Ebene voller Gebeine geschickt wird. Dort soll er den Geist herbeirufen, die diese Gebeine wieder mit Leben erfüllen werden. »So spricht Gott: Geist, komm herbei von den vier Winden! Hauch diese Erschlagenen an, damit sie lebendig werden... Der Geist kam in sie. Sie wurden lebendig und standen auf« (Ezechiel 37,9f.).

Wie schön, daß Gott nicht nur im gewaltigen Sturm daherkommt. Der Prophet Elija erfährt sein Kommen als das Herannahen eines sanften leisen Säuselns (1 Könige 19,13). Auch in den zarten Regungen kann etwas von der Liebeskraft Gottes erspürt werden.

Mir scheint ein Gedanke wichtig zu sein: Die Bibel betont, daß wir Menschen den Geist nicht »haben«, ihn nicht als Besitz beanspruchen dürfen. Wir bekommen ihn gewährt, er weht uns an, wohnt uns ein, bewegt uns, ermöglicht es uns, zum Stand zu kommen und wirksam zu werden, aber wir müssen ihn auch wieder hergeben. Wir sollen uns dem Geisthauch öffnen, sollen seinem Wirken keinen Widerstand leisten, ihn aber nicht vereinnahmen.

Unser Angewiesensein auf den Sauerstoff beim Atemvorgang unserer Lungen ist ein gutes Beispiel, damit wir uns die eigene »Bedürftigkeit« für das Geistwehen veranschaulichen können. Wie wichtig ist es, manchmal »an die Luft« zu gehen und sich dem frischen Wind auszusetzen, damit die Lunge tief durchatmen kann. – Wenn es uns einmal schlecht geht, haben wir den Eindruck, von allen guten Geistern verlassen zu sein. Wie nötig haben wir es dann, wieder das Geschenk der »Inspiration« zu erfahren, um die Phase der Geistlosigkeit hinter uns zu bringen.

Hildegard von Bingen hat sich selbst wie eine Feder im Wind empfunden und sie bat Gott, er möge sie auffangen.

»Ich erkenne keinerlei Sicherheit irgendeines Vermögens in mir selbst. So strecke ich meine Hände zu Gott empor: Er möge mich halten, wie eine Feder, die ohne jedes Gewicht sich im Winde dahintreiben läßt.«

Oben und Unten

Im Weltall gibt es weder ein Oben noch ein Unten, auch auf der Erde sind solche Bezeichnungen eigentlich unkorrekt (man kann höchstens von der Oberfläche der Erde und ihren Tiefenschichten sprechen), und trotzdem gebrauchen wir diese Bezeichnungen jeden Tag. Wie kommt das eigentlich?

Wir mögen die hierarchischen Strukturen noch so sehr ablehnen, sie stecken uns nun einmal in Fleisch und Blut. Wer »oben« ist, genießt mehr Ansehen und Würde, wer »unten« ist, auf den schaut man hinunter. Und weil in unserer Welt die Karriere ein bestimmender Faktor ist, möchte jeder nach oben kommen und die unteren Stufen der Leiter möglichst schnell überspringen.

Nun finden wir ja auch in der pflanzlichen Welt die Hinwendung nach oben. Kräuter, Sträucher und Bäume wachsen nach oben, strecken sich aus, um ans Licht zu kommen und möglichst viel Sonnenlicht aufnehmen zu können. Ist hier das Nach-oben-Kommen nicht doch mehr als der Aufstieg auf der Karriereleiter?

Dabei dürfen wir aber nicht vergessen, daß die Pflanzen sich in zwei Richtungen ausdehnen (wobei wir die seitliche Ausdehnung nicht berücksichtigen): Sie müssen ihre Wurzeln in die Tiefe senken, um Nährstoffe und Feuchtigkeit aufnehmen zu können und um einen festen Stand zu gewinnen. Und außerdem strecken sie sich nach oben, bilden den Stamm und die Krone aus. Ein Baum ist also ein Musterbeispiel für die gleichzeitige Erstreckung nach unten und nach oben.

Wenn man es recht besieht, geht es uns Menschen ja ebenfalls so. Auch wir gebrauchen ja einen »Mutterboden«, müssen »geerdet« sein, um einen guten Stand zu bekommen. Erst dann gelingt uns auch der aufrechte Gang und die sichere Aufrichtung. Oben und Unten scheinen sich zu bedingen und einander zu bedürfen.

In dem langen Prozeß der Menschwerdung hat bekanntlich die Aufrichtung eine unvergleichliche Rolle gespielt. Jetzt brauchte der Mensch die vorderen Extremitäten nicht mehr zur Fortbewegung, er bekam sie frei für andere Tätigkeiten, der Kopf »thronte« auf den Halswirbeln, der Mensch war »oben« angekommen.

Und dann hat er eine »Obrigkeit« etabliert, die den »Untertanen« überlegen war. Wer die »Oberhand« gewonnen hat, zwingt andere unters Joch, möchte sie unterwürfig machen, damit er da oben nicht gestört wird.

Das ist *ein* Aspekt, ich muß es zugeben. Aber daneben gibt es auch eine geistige Überlegenheit, die nicht zum Hochmut ausarten muß. Wenn wir Menschen kennenlernen, die uns »haushoch« überlegen sind, weil sie die Wirklichkeit besser kennen und eine gültigere Form des Menschseins erreicht haben, dann regt sich spontan eine Hochachtung in uns, wir haben Respekt vor ihnen und schauen zu ihnen auf, auch wenn sie körperlich klein sind oder in der gesellschaftlichen Rangordnung nicht obenan stehen. Es macht uns auch nichts aus, uns vor diesen Menschen zu neigen und ihre Größe anzuerkennen.

Um so mehr ärgert uns allerdings ein Mensch, der zwar Macht und Einfluß besitzt, aber geistig »heruntergekommen« ist und bei dem gesellschaftlicher Rang und menschliche Glaubwürdigkeit nicht auf dem gleichen Niveau stehen.

Dagegen macht es uns Eindruck, wenn ein »Großer« bereit ist, von seinem Thron herabzusteigen und sich den Gebeugten zuzuwenden. Denken wir an die Szene im Abendmahlssaal, bei der Jesus sich niederbeugt und den Jüngern die Füße wäscht. Er kann sich klein machen und einen Knechtsdienst übernehmen, ohne etwas von seiner Würde zu verlieren.

Hoch und niedrig, oben und unten sollten zwar keine Wertungen sein, trotzdem stellt sich bei uns meist ein wertender Maßstab ein. Wir wachsen schließlich nach oben, freuen uns, wenn wir Schritt für Schritt hinauf gelangen. Und wenn wir hochgemut sind oder hochgesinnt, dann haben wir ein erfreuliches Naturell bekommen, während wir uns in einem bedauernswerten Zustand befinden, wenn wir niedergeschlagen oder niedergebeugt sind.

Es steckt wirklich das Verlangen in uns, nach oben zu kommen, weil man von dort den besseren Überblick hat, und sich ein anderes Lebensgefühl entfalten kann. Aber es scheint auch ein weiteres Gesetz zu bestehen, nach dem der »Obere«, der Überlegene, bereit sein muß, abzusteigen und sich denen zuzugesellen, die unten hilflos sind und aus eigener Kraft nicht hinaufgelangen.

Zeit und Ewigkeit

Eine Stunde ist immer gleich lang, eine Minute besteht immer aus 60 Sekunden, und doch unterscheiden sich für uns die verschiedenen Zeiten fundamental, je nachdem, ob sich in einem Zeitraum für uns etwas Wichtiges ereignet oder ob die Zeit weiterläuft, ohne deutliche Spuren zu hinterlassen. Es ist nicht sehr ergiebig, wenn man die Zeiten nur nach ihrer Dauer mißt, erst wenn ich sie in ihrer Wichtigkeit erkenne, in ihrem »spezifischen Gewicht«, kann ich ihnen gerecht werden. Manche Stunde ist so leicht wie eine Flaumfeder, eine andere ist zentnerschwer, weil sich darin Entscheidendes ereignet und unser weiteres Schicksal davon abhängt.

Das Nachdenken über die Zeit versetzt uns leicht in eine melancholische Stimmung: Wir erinnern uns an »verlorene Jahre«, an aufgegebene Pläne, an das unausweichliche Weiterschreiten und den zeitlichen Wandel. Uhren können zurückgestellt werden, aber wir können unsere Lebenszeit nicht zurücklaufen lassen. Vielleicht sind wir bei einer solchen Zeitbetrachtung undankbar, denn in jedem Augenblick bekommen wir ja weiterhin Zeit gewährt, wir stehen im Leben, können unseren Weg weiterziehen.

Das Bild von Ernst Steiner zeigt uns einen merkwürdigen offenen Raum. Zu beiden Seiten ragen kalte Wände hoch, in der Mitte des Bildes befindet sich eine mächtige Uhr, eine unheimliche Maschine aus rohem Metall. Die Löcher im Zifferblatt geben kleine Einblicke in das Zahnräderwerk. Was die Szenerie makaber macht, ist die Ansammlung von Totenköpfen am unteren Rand der Uhrscheibe. Die Uhr scheint eine Todesmaschine zu sein, die unerbittlich Todesurteile fällt und vollstreckt. Das Weitergehen der Zeiger scheint auch die künftigen Todesfälle zu bestimmen. Mit eherner Gleichmäßigkeit läuft die Maschine weiter, man hat den Eindruck, daß sie schon seit unvordenklichen Zeiten in Betrieb ist und nicht aufgehalten werden kann.

Immerhin aber läßt sich noch die Weite des Himmels erkennen, das blaue Firmament ist gesprenkelt mit großen und kleinen Himmelskörpern. Und hinter der schwerfälligen Uhr tauchen leichte und beschwingte Flügel auf. Offensichtlich schließt sich hinter dem Uhrenreich ein freier Raum an, der nicht mehr unter dem harten Gesetz der Zeitmaschine steht. »Ewigkeit« ist hier nicht als ein »stehendes Jetzt« verstanden, sondern als Raum der Freiheit und der Grenzenlosigkeit. Die Zeitenge wird überschritten, die

beiden grauen Mauern können jetzt beinahe als offene Fensterflügel begriffen werden, die zum Einlaßtor für eine neue Dimension des Daseins werden.

Aber was ist die Ewigkeit? Hier versagen unsere Denk- und Vorstellungskategorien, weil wir immer nur alles zeitlich verstehen können.

Angelus Silesius hat sich außerstande gesehen, die Ewigkeit faßbar zu machen. Aber noch im Eingeständnis der Unmöglichkeit, uns das Geheimnis des Ewigen nahezubringen, blitzt etwas von diesem Geheimnis durch:

»Was ist die Ewigkeit?
Sie ist nicht dies, nicht das,
Nicht Nun, nicht Ichts, nicht Nichts,
sie ist, ich weiß nicht was.«

Dunkel und Licht

Wie kommt es eigentlich, daß wir das Licht spontan mit dem Guten und dem Erfreulichen identifizieren, während wir das Dunkel als Ausdruck des Bösen, des Verschlingens und des Todes ansehen?

Es versteht sich wohl von selbst, daß wir ein unmittelbares Verlangen nach Licht und Sonne haben. Im Dunkeln fühlen wir uns unsicher, unsere Augen finden keine Klarheit, es ist schwierig, den rechten Weg zu finden. Und weil wir nur undeutliche Konturen wahrnehmen, spielt uns die Phantasie häufig Streiche: Wir bekommen Angst, weil wir bedrohliche Dinge in unserer Nähe befürchten.

Ein Lichtstrahl ins Dunkel kann dann wohl die »Gespenster« vertreiben, so daß wir die Wirklichkeit besser erfassen können.

Wir sprechen ja auch deshalb von der »Aufklärung«: Wo bisher Dunkelheit und Unkenntnis herrschte, kommt mit dem Licht der Erkenntnis eine Klarheit herauf, die uns eine neue Betrachtungsweise der Wirklichkeit erlaubt. Viele Ängste werden abgebaut, die irrationalen Charakter hatten. Mit dem Licht ist also auch eine nüchternere Deutung der Welt möglich.

Wie kommt es aber, daß wir mit dem Wort »Aufklärung« auch ungute Gefühle verbinden?

Es scheint einen Aufklärungsfimmel zu geben: Alles soll erklärt, durchleuchtet und logisch bewiesen werden. Die Verstandeskräfte sollen alles erfassen und aufschließen. Dadurch kommt eine Überhelle ins menschliche Leben, die nicht mehr erfreut, sondern belastet. In dieser »gläsernen Welt« fühlen wir uns nicht mehr wohl, weil wir merken, daß es auch die halbschattigen und dunklen Bereiche geben muß.

Aber haben wir vorher nicht gesagt, daß der Mensch immer nach dem Licht verlangt und die Finsternis scheut?

Der Mensch ist nun einmal ein differenziertes und polar gebautes Wesen. Natürlich möchte er nicht im Finstern sitzen, aber wenn er in ein gleißendes Licht gerückt wird, wenn er z.B. von grellen Scheinwerfern angestrahlt wird, fühlt er sich noch unwohler als im Dunkeln. Dann hat er sogar eine Sehnsucht nach der »bergenden Nacht«, der mütterlichen Dunkelheit. Es ist schon so, daß wir nach einem sonnenreichen Sommertag die heraufkommende Nacht freudig begrüßen und uns gelassen und erwartungsvoll ins Dunkel fallen lassen.

Wenn der Mensch so polar gebaut ist, was sind denn die Pole seines Daseins? Und muß er vielleicht immer auch den jeweiligen Gegenpol im »Gefühl« haben?

Eine ganz wichtige Polarität im Leben des Menschen ist der Wechsel von Wachsein und Schlafen. Weil unser Wachzustand ja die Phase der Bewußtheit ist, unserer geplanten Arbeit, des klaren Denkens und Wollens, halten wir diesen Zustand für den allein wichtigen. Dabei übersehen wir allerdings, daß die Stunden des Schlafens für unser Dasein nicht weniger wichtig sind. Hier ist das Wachbewußtsein ausgeschaltet, aber unser seelisches Leben geht weiter, es werden gewissermaßen andere Akzente gesetzt: Manches wird zurechtgerückt, verdrängte Impulse kommen zu ihrem Recht, brachliegende Grundkräfte dürfen sich auswirken. Der Abstieg in den Nachtbereich ist also hochbedeutsam, wir verlassen die Taghelle unserer rationalen Bewußtheit und treten in die dunklen Höhlenreiche des Unbewußten. Und wenn wir am Morgen wieder in die Helle des Tages zurückkommen, ist etwas mit uns geschehen, wir haben uns in der eigenen Tiefe erholt, sind »zu Grunde« gegangen, um von dort Impulse für die Wirksamkeit des Tages zu bekommen.

Aber wir haben zu Beginn doch davon gesprochen, daß wir das Licht gewöhnlich mit dem Guten ineins setzen. Wie steht es damit?

Vielleicht müssen wir das äußere Licht und das innere Licht unterscheiden. Uns kann ja ein Licht der Erleuchtung gerade in der Finsternis aufgehen: Wir haben im Dunkel gesessen, waren unabgelenkt von den äußeren Lichtern, und gerade da hat uns ein Strahl des inneren Lichtes gestreift. – Ein Dunkel ist nur dann der Inbegriff des Bösen, wenn es zur Verfinsterung des Geistes führt, wenn es abschließt und uns gewissermaßen die Sinne verkleistert. Wird uns die Hoffnung genommen, der Blick ins Kommende, die Zuversicht, dann ist diese Verfinsterung wirklich eine Wirksamkeit des Bösen.

Setzen wir deshalb auch das Licht in eine Beziehung zu Gott, der als Inbegriff des Lichtes gilt, in dem »keine Finsternis ist«?

Das kann man wirklich so sehen, aber es ist hier doch noch eine Ergänzung angebracht. Das Gottesgeheimnis ist nicht einfach auf die »Lichtformel« zu bringen. Wenn er »nur« Licht wäre, dann könnte die Vorstellung aufkommen, Gott wäre ganz und gar erkennbar und erklärbar. Er bleibt uns aber immer auch entzogen. Die Mystikerin Angela von Foligno kann deshalb sagen: »Ich sah ihn in einer Finsternis – ich sage deshalb Finsternis, weil er ein Gut von solcher Größe ist, daß Verstand und Denken ihn nicht begreifen können.« Gerade in der Konfrontation mit dieser göttlichen Finsternis wird ihr aber eine »Gott-Gewißheit« geschenkt. Sie ist zwar in eine Wolke des Nicht-Denkbaren und Nicht-Begreifbaren geraten, aber es ist eine tröstlich umfassende und bergende Finsternis, keine verschlingende.

Ich muß gestehen, daß mir der ganze Fragenkomplex mittlerweile viel schwieriger und unübersichtlicher erscheint als vorher. Wie steht es eigentlich mit unserer Sehnsucht nach Licht?

Licht, Klarheit, durchscheinende Offenheit, danach haben wir immer ein Verlangen. Und die Finsternis wird ganz selbstverständlich als Ort des Todesschattens und der Blindheit verstanden. Aber in gewisser Weise ist das undurchdringliche Dunkel auch das Symbol für all das, was unseren Augen versperrt und unserem Zugriff entzogen ist. Schon im Psalm 18 heißt es: »Herr, in Finsternis hüllst Du Dich ein, in dunkle Wasser und dichtes Gewölk.« – Vielleicht ist es gut, daß immer auch ein dunkler Bereich bleibt, eine geheimnishafte Zone, die wir weder durch unsere Neugierde noch durch unser Erforschen aufhellen können. Und vergessen sollten wir auch nicht, daß bei Gott unsere Begriffe von Licht und Dunkelheit nicht mehr gültig sind. Heißt es doch im Psalm 139:

»Auch die Finsternis ist nicht finster vor dir,
und die Nacht leuchtet dir wie der Tag.«

Zwischen Zeit und Ewigkeit

Ich messe die Zeit, gewiß; aber ich messe ja nicht die künftige, weil sie noch nicht ›ist‹, messe nicht die gegenwärtige, weil sie gar keine Ausdehnung hat, messe nicht die vergangene, weil sie nicht mehr ›ist‹. Was also messe ich?« So hat Augustinus gefragt. Ist es nicht auch unsere Frage geblieben: Die Erfahrung der Zeit ist uns so nahe und selbstverständlich, und gleichzeitig ist uns die Zeit ein unlösbares Problem. Aber warum muß der Mensch immer über die gnädig gewährte und so schnell verrinnende Zeit nachdenken? Vielleicht sollte er nicht über das Zeitproblem nachgrübeln, sondern die geschenkte Zeit dankbar annehmen und durchleben.

Wenn wir Menschen über die Zeit nachdenken, dann geht es nicht um irgendein abstraktes oder theoretisches Thema, dann denken wir immer über uns selbst nach. Wir erleben uns als zeitliche Wesen, haben manchmal den Eindruck, viel Zeit gewährt zu bekommen, sehr viel häufiger fühlen wir uns unter Zeitdruck und erschrecken über die rasant weitergaloppierende Zeit. Es ist zwar richtig, daß wir die Zeit als die köstliche Gabe angeboten bekommen, um zu leben, aber zu diesem Leben gehört vielleicht auch das Nachdenken über die Zeit.

In unserer heutigen Lebenswelt sind die Uhren allgegenwärtig. Uhren wecken uns schon am Morgen, geben uns das Signal, wann wir das Haus zu verlassen haben, wenn wir pünktlich an der Arbeitsstelle sein wollen. Uhren bestimmen den Arbeitstakt und selbst die Freizeit, der Blick auf die Uhr sagt uns, wann es Zeit ist, sich zum Schlafen ins Bett zu legen. Seit wann beugt sich der Mensch eigentlich dem diktatorischen Druck der Uhren?

Schon die alten Babylonier und Ägypter haben die Zeitläufe sorgsam beobachtet und versucht, Meßgeräte zu entwickeln. In Babylon erfand man die Sonnenuhr, der Schattenstab teilte schon vor ein paar tausend Jahren den Tag in zwölf Stunden ein. Und Kaiser Augustus ließ auf dem Marsfeld in Rom eine riesige Sonnenuhr einrichten. Ein gewaltiger Obelisk wurde aus Ägypten herangeschafft und in der Mitte aufgerichtet. Der Durchmesser des »Uhrenplatzes« maß 150 Meter, er war mit einem komplizierten Liniennetz versehen, so daß man am Schattenstand der steinernen Zeigernadel nicht nur die jeweilige Stunde ablesen konnte, sondern auch den Tag und den Monat. Es war ein begehbarer Kalender ebenso wie eine durchschreitbare Uhr.

Und mittlerweile haben wir hochkomplizierte Präzisionsuhren, die so exakt messen, daß man winzige Bruchteile von Sekunden unterscheiden kann, und korrigiert werden müssen sie höchstens alle hundert Jahre. Aber die Frage bleibt, ob wir dadurch dem Geheimnis Zeit auch nur einen Schritt näher gekommen sind. Was nützen uns die präzisen Uhren, wenn uns die Zeit fremd bleibt?

Mit der Zeit vertraut werden, sie geruhsam meditieren, das bedeutet nicht unbedingt, eine philosophische Definition der Zeit formulieren zu können. Auch die alten Mythen versuchten ja auf ihre Weise eine Antwort auf das Zeitproblem. Wenn die Griechen erzählten, der Vatergott Kronos würde alle seine Kinder auffressen, dann schwingt vielleicht etwas von dem Gedanken an die Vergänglichkeit aller Dinge und Wesen mit. Die Zeit ermöglicht das Heraufkommen und Entstehen der Geschöpfe, aber die Zeit läßt sie auch wieder zerfallen. Die indische Göttin Kali wird als Spenderin und Förderin von Nahrung und Wachstum verehrt, die gleiche Kali ist aber auch die grausame Zerstörerin von allem.

Kann man sagen: der rechte – bedachte – Umgang mit der Zeit besteht in einem aufmerksamen Umgang mit ihr, daß ich sie nicht sinnlos vergeude, aber sie auch nicht ausnutze im Sinne einer Ausbeutung?

Frank Thieß hat einmal gesagt: »Zeit haben, heißt den Tod duzen.« Das ist, wie mir scheint, ein kluges Wort. Wer Zeit hat (und wir haben ja alle Zeit, ununterbrochen wird uns die Zeit geschenkt), der soll mit ihr recht umgehen, sie herankommen lassen, sie so nutzen, wie es ihr zukommt. Dann braucht er nicht bange zu sein, daß seine Lebenszeit einmal zu Ende geht.

Ich kenne ein italienisches Sprichwort, das aber ganz anders klingt, es heißt: »Die Zeit ist eine geräuschlose Feile.« Jeder Blick in den Spiegel macht uns deutlich: Du bist schon wieder älter geworden, du bist wieder einen Schritt deinem Tod näher gekommen. – Bedeutet es also notwendig, an den Tod zu denken, wenn man über die Zeit nachdenkt?

Wenn wir uns schon auf Sprichwörter berufen, dann möchte ich auch noch eines zitieren, es stammt aus Afrika: »Als Gott die Zeit schuf, hat er genug davon gemacht.« Es spricht sehr viel Gelassenheit aus diesem Wort, alle Hektik ist meilenweit weg. Etwas von der Weisheit des alttestamentlichen »Predigers« ist darin: »Alles hat seine Stunde. Für jedes Geschehen unter dem Himmel gibt es eine bestimmte Stunde« (Kohelet 3,1). Und dann zählt der Prediger auf, wofür es alles eine Stunde gibt, nicht nur für das Geborenwerden, sondern auch für das Sterben, aber auch nicht nur für das Weinen und Wehklagen, sondern auch für die Freude und für den Tanz. Recht mit der Zeit umgehen, das kann also auch bedeuten, herauszufinden, was die Stunde geschlagen hat, was es für besondere Möglichkeiten im Hier und Heute gibt, was jetzt getan werden soll und nicht verschoben werden kann.

Nun gibt es in der Dichtung erstaunlich viele Texte, die von der Vergänglichkeit handeln und die eilige Zeit beklagen. Das weist ja wohl doch darauf hin, daß sich der Mensch eine längere Lebenszeit wünscht. Der alte Walther von der Vogelweide hat ein großartiges Gedicht geschrieben, in dem es heißt:

> *»Ach, wohin sind alle meine Jahre entschwunden!*
> *Ich muß seither geschlafen haben, ohne es zu wissen,*
> *Aber jetzt bin ich erwacht, und ich kenne nicht mehr,*
> *was mir vorher vertraut war wie meine Hand.«*

Das Ungenügen an der Vergänglichkeit zieht sich wie ein roter Faden durch die menschliche Geistesgeschichte, als müßte doch noch ein Weg gefunden werden, der Zeitlichkeit zu entkommen.

Von Gott als dem großen Gegenüber zum Menschen hat man immer gesagt, daß er nicht der Zeit »unterliegt«, sondern der Zeit »überlegen« ist. Auf die Frage, wie lange Gott für die Schöpfung gebraucht habe, antwortete der mittelalterliche Theologe Honorius von Regensburg: »Einen Augenblick«. Dabei wollte er natürlich keine Zeitangabe machen, sondern sagen, daß Gott alles in »seinem Augenblick« geschaffen habe, er braucht keinen benenn- und beschreibbaren Zeitraum. Was bei uns auseinandergefaltet ist in unterschiedliche Zeitläufe, das ist in Gott alles im »ewigen Jetzt« vergegenwärtigt.

Nun erschrecken wir Menschen ja schon vor den ungeheuren Zeiträumen unserer Erdgeschichte und des Kosmos. Unter »Ewigkeit« können wir uns wohl noch viel weniger vorstellen.

Mit unseren Vorstellungen kommen wir da wirklich nicht weit. Manche Denker haben den Hinweis gegeben, die Zeit gehe aus der Ewigkeit hervor, sie sei gleichsam von ihr umfaßt. Wir zeitlichen Wesen erleben alles in einer kontinuierlichen Folge, stehen mit unserem winzigen Gegenwartsmoment immer zwischen den riesigen Räumen des Vergangenen und des Kommenden, aber diese umgreifende »Raum-zeit« sei der bergende Schutzmantel des Vergänglichen.

Wenn wir wirklich aufmerksam werden, ganz in einem meditativen Versammeltsein bei uns sind, in die eigene größere Tiefe »versinken«, dann kann es wohl tatsächlich passieren, daß wir das »Fließen« der Zeit nicht mehr wahrnehmen, sondern eine Ahnung vom »stehenden Jetzt« bekommen. In den Confessiones hat Augustinus einmal geschrieben: »Wer hält das Herz des Menschen auf, daß es

Duett

»Musik ist die Seele der Liebe«, hat Bettine Brentano in einem Brief geschrieben, »sie ist das Berühren des Göttlichen mit dem Menschlichen.« Deshalb wolllte sie sich der »himmlischen Gewalt« der Musik unterwerfen. »Und indem wir dies tun, erleiden wir eine Einwirkung, die uns heilt.« Daß die Musik Heilkraft hat und eine innere Ordnung bewirken kann, hat schon Pythagoras gewußt. Es gibt Klänge, die uns wie freundliche Ströme durchfließen, die das Chaotische ordnen und die Unruhe besänftigen.

Aber die Musik kommt nicht nur von außen, sie wohnt auch in unserem Innern, sie ist in unseren Leibern verborgen und will sich verströmen. Überall ist Klang versteckt und möchte aus dem Versteck herauskommen. Musik weckt Musik, die eine Stimme ruft die andere, Singen ist ansteckend, das will kein Ende nehmen.

*»Was haben wir seit Anbeginn erfahren,
als daß sich eins im anderen erkennt?«,*

heißt es in einem Gedicht von Rainer Maria Rilke. Zum einsamen Musikanten gesellt sich ein zweiter; aus dem Duett wird ein Trio und ein Quartett. Die Stimmen verschlingen sich,

bewegen sich auseinander und fügen sich wieder zusammen. Jeder kann sich auf seine Weise entfalten und fügt sich wieder in den Gesamtchor ein.

Auf unserem Bild steht im Vordergrund ein Cello mit einer eigenwilligen brokatartigen Oberflächenstruktur. Aber das Instrument hat einen Frauenkopf, ist ein menschliches Wesen. Wir erleben eine Metamorphose: Der »Klangkörper« ist ein tönender Leib. Dahinter steht ein größeres Instrument, vielleicht ein Kontrabaß: Es hat einen menschlichen Kopf, offenbar ist es ein Männerkopf. Und auf beiden Köpfen sitzen engelhafte geflügelte Wesen, die in verschiedene Richtungen schauen. Alle vier Gestalten verharren in statuenhafter Ruhe, als warteten sie auf den Beginn des gemeinsamen Musizierens. Es ist viel Ruhe in dem Bild, die beiden Monde, einer abnehmend, der andere zunehmend, mögen andeuten, daß wir ein »Nokturno« zu erwarten haben, ein besinnliches Nachtstück. Und das Bundeszeichen des Regenbogens verheißt: Hier findet eine Begegnung statt, die Klänge werden sich treffen und verbinden, sie werden zur Einheit werden und eine Ahnung vom Frieden hörbar machen.

Stand habe und sehe, wie die stehende Ewigkeit, in der es kein künftig, kein Gewesen gibt, das Künftig und Gewesen der Zeiten verfügt?« Vielleicht müssen wir einfach die Hoffnung offenhalten, daß unsere Zeitverhaftetheit zwar unserer jetzigen irdischen Existenzform entspricht, aber daß wir irgendwann aus dieser Verpuppung herausgeholt werden und eine Daseinserfahrung machen können, für die wir jetzt noch gar keine Sprache und noch keine Denkkategorien haben.

Simone Weil hat vielleicht etwas davon erfahren, wenn sie sagt, wir müßten es aushalten, von der Zeit zerrieben zu werden, damit wir aus dem Imaginären ins Wirkliche gelangen, aus der Zeit in die Ewigkeit. »Die Gewalt, die von der Zeit ausgeht, zerreißt die Seele; durch den Riß tritt die Ewigkeit herein.«

Ganze Räume voll Zeit

So viel Zeit hast DU geschaffen,
ganze weite Räume voll Zeit hast DU hervorgerufen.

Warum sagen wir dann immer, wir hätten keine Zeit?
Jedem von uns ist seine Zeit gewährt,
Zeit zum Wachstum und zur Reife,
Zeit zur Arbeit und zur Muße,
jeder hat seine Strecke Zeit zugemessen,
warum jammern wir immer, die Zeit sei zu kurz?
Kosten wir sie doch aus, die erstaunliche Länge einer Minute,
die Möglichkeiten einer einzigen Stunde,
den großen Bogen eines ganzen Tages.
Warum verweilen wir nicht beim Geschenk des Augenblicks,
bleiben manchmal stehen und schöpfen das »Jetzt« aus?
Welche berauschende Kraft kann in einem »Nu« verdichtet sein,
den wir zwar nicht verlängern können,
dem wir aber auch keine Dauer verleihen müssen,
weil er unverlierbar ist.
So wichtig die Arbeit ist und das Tätigsein,
manchmal mag es wichtiger sein,
sich dem Nichtstun zu überlassen.
Wer nicht verweilen kann, hetzt sich zu Tode.
Wer sich im Augenblick verlieren kann, kann sich finden.

So viel Zeit hast DU geschaffen,
ganze Räume voll Zeit hast DU uns gewährt,
damit wir eine Ahnung bekommen vom Reichtum Deiner Liebe,
damit die Schöpfung ein paar Schritte vorankommt.
Bricht nicht in die flüchtigen Momente unserer Zeit

etwas von Deiner Ewigkeit ein?
Ist nicht die Vergänglichkeit unseres Daseins
eingehüllt in Deinen ewigen Mantel des Seins?

Die Reise nach dem Land der ewigen Jugend

RUMÄNISCHES MÄRCHEN

Vor vielen Jahrhunderten lebten einmal ein Kaiser und eine Kaiserin. Und es läßt sich denken: Als sie ihr erstes Kind erwarteten, da war die Freude groß überall im Reich. Der Tag der Niederkunft kam näher, plötzlich hörte die Kaiserin ein Weinen. Sie schaute sich im ganzen Zimmer um, aber sie fand niemanden. Als sie ganz genau hinhorchte, merkte sie zu ihrem Schrecken, daß das Weinen aus ihrem eigenen Bauch kam. Und plötzlich hörte sie sogar eine Stimme: »Ich will nicht geboren werden, ich will nicht geboren werden.« Der Vater wurde sogleich gerufen, er sprach zu seinem ungeborenen Sohn: »Komm doch heraus, du bist unser Sohn. Und wenn du groß geworden bist, sollst du Kaiser werden und ein großes Reich regieren.« Aber auch jetzt hörte das Kind im Mutterleib nicht mit seinem Weinen auf und sagte schließlich: »Ich will nicht Kaiser werden, ich will nicht geboren werden.« Ratlos redete der Vater auch jetzt noch seinem Sohn zu: »Komm endlich heraus, du wirst süße Speise essen und köstliche Getränke trinken können, die Köche werden dir das Beste bereiten und die Dienerschaft wartet schon darauf, dich zu versorgen und zu verwöhnen.« Als aber sein Sohn auch dadurch nicht überredet werden konnte, den Mutterschoß zu verlassen, versprach ihm der Vater: »Du sollst so reich werden, wie noch nie ein Mensch reich gewesen ist: Aus goldenen Tellern wirst du essen und Gewänder tragen, die von Perlen und Edelsteinen nur so glänzen.« Das Kind weinte nur leise vor sich hin und würdigte den Vater keiner Antwort. Da wurde der Kaiser dazu hingerissen, etwas zu versprechen, was nicht in seiner Macht stand, er sagte dem Kind: »Ich werde dafür sorgen, daß du in ewiger Jugend leben kannst, wenn du nur endlich ans Tageslicht kommst.« – Kaum hatte er das gesagt, hörte der Prinz mit dem Weinen auf und wurde geboren.

Nun wuchs der Junge heran, wurde sorgsam erzogen und in allen ritterlichen Künsten unterwiesen. Er hatte eine strahlende Schönheit, mit seiner Klugheit und der Geschicklichkeit in den Waffen konnte sich kein Gleichaltriger messen. Als er erwachsen geworden war, trat er vor seinen Vater und sagte: »Nun mußt du mir das Geheimnis der ewigen Jugend anvertrauen, das du mir vor meiner Geburt versprochen hast.« Der Kaiser erbleichte und wußte nicht, was er seinem Sohn für eine Antwort geben sollte.

Schließlich sagte er zu ihm: »Alle Menschen werden alt, müssen ihre Jugendschönheit verlassen und sich damit vertraut machen, einmal zu sterben. Auch du wirst da keine Ausnahme machen.« Sein Sohn machte dem Vater heftige Vorwürfe und sagte dann bitter: »Du hast mir also Versprechungen gemacht, die du gar nicht halten kannst. Wenn das so ist, kann ich nicht mehr länger bei dir bleiben. Ich werde mich auf den Weg machen und nicht länger rasten und ruhen, bis ich das Land gefunden habe, wo ich die ewige Jugend erhalte.«

Darauf ging er zu den Ställen des königlichen Palastes und sah sich alle Pferde an, die kühnen Rappen und die schnellen Renner, bis er zu einem alten Pferd kam, das eine rechte Schindmähre war. Das wählte er sich aus, ließ es satteln und begab sich auf die Reise. Lange zog er durch Städte und Einöden, über Berge und Täler, aber nirgends fand er das Land der ewigen Jugend, niemand konnte ihm den Weg dorthin zeigen und keiner wußte auch nur, ob es ein solches Land irgendwo auf der Welt geben könnte.

Als er an einem Abend müde und hungrig auf ein kleines Haus in einem freundlichen Tal stieß, bat er um Unterkunft und wurde von einem jungen Mädchen liebevoll aufgenommen. Schön war sie und ihre selbstverständliche Gastfreundschaft bewog ihn, einige Tage zu verweilen. Als er sich von den Strapazen der Reise erholt hatte, fragte er das Mädchen: »Ich bin auf der Suche nach dem Land der ewigen Jugend. Kannst du mir sagen, wo ich es finden kann?« – Da lächelte das Mädchen und sagte: »Bleib bei mir, laß uns Mann und Frau werden, das Land bebauen und glücklich werden. Vielleicht schenkt uns Gott Kinder und wenn sie heranwachsen, wirst du sehen, daß in ihnen deine Jugend und Schönheit neu ersteht. Das ist die einzige ewige Jugend, die uns geschenkt wird: immer wieder kommt sie in den Kindern neu herauf.« – Der Prinz erbleichte, wurde traurig und versonnen. Als aber der nächste Morgen gekommen war, nahm er Abschied von dem Mädchen und wandte sich wieder der weiten Welt zu.

Wieder war er lange herumgezogen und müde und hungrig sehnte er sich nach einer schützenden Herberge und einem stärkenden Mahl. Da sah er plötzlich seinen Vater und seine Mutter vor sich, die ihm zuredeten, wieder nach Hause zu kommen. »Lange genug bist du in der Welt herumgeirrt«, sprach ihn der Vater an, und die Mutter sagte: »Wir sehnen uns danach, daß du wieder in unserer Mitte bist. Deine Wohnung wartet auf dich, deine Freunde fragen nach dir. Komm wieder nach Hause, dort gehörst du hin, dort sollst du dein Leben verbringen.« Da wandte sich der Prinz von seinen Eltern ab und im Weiterreiten merkte er, daß es Trugbilder gewesen waren, die sich plötzlich in Rauch und Wind auflösten.

Im Weiterreiten kam er in einen wüsten Wald, der so dicht war, daß er kaum einen Pfad finden konnte, um hindurchzukommen. Noch schlimmer wurde es, als sich auch noch ein ganzes Rudel von Raubtieren näherte: Von allen Seiten kamen sie näher, heulend umringten sie ihn und sein altes Pferd, in jedem Moment konnte eines zum Sprung ansetzen. Doch mit Staunen beobachtete der Prinz, daß aus seiner Schindmähre plötzlich ein herrliches Zauberroß wurde, das sich in mächtigen Sätzen erhob, den Verfolgern davoneilte und im Nu auch den schrecklichen Urwald hinter sich gelassen hatte.

Nach kurzer Zeit waren Roß und Reiter in einer wunderschönen Landschaft angekommen, saftige Wiesen waren voller farbiger Blumen, in einem paradiesischen Garten stand ein Schloß, dessen Pforten geöffnet waren, als habe man seine Ankunft schon erwartet. Der Prinz war außer sich vor Freude, war er doch tatsächlich zum Palast der ewigen Jugend gelangt. Er ging von einem Saal des Schlosses zum anderen, freute sich über die Gärten mit ihren Blumen, die Waldstücke mit den Rehen und Hirschen. Hier herrschte wirklich das Leben, die Sonne ging in diesem Land nicht unter, alles lockte zu einem heiteren Leben.

Doch der Prinz wurde unerwartet von einem seltsamen Heimweh gepackt. Er wollte noch einmal seine Eltern und die Stätte seiner Jugend sehen, bevor er sich entschloß, ganz im Reich der ewigen Jugend zu bleiben. Er ging zu seinem Pferd, das im Garten weidete, und fragte es, ob es noch einmal den Weg zurück wagen würde. Kaum hatte sein Zauberroß zustimmend genickt, da sprang der Prinz auch schon auf seinen Rücken und in einem mächtigen Galopp über Stock und Stein, in Sprüngen über Abgründe und Sümpfe kamen sie der Heimat näher. Als sie sich aber dem heimatlichen Schloß näherten, merkte der Prinz, daß er immer älter wurde, daß sich sein Gesicht faltete und ihm ein Bart wuchs, der erst ergraute und schließlich weiß wie Schnee wurde. Schließlich stand er vor dem väterlichen Schloß, aber es war zerfallen und unbewohnt. Der junge Prinz, der ein uralter Mann geworden war, ging durch die verfallenen Gänge und Säle, bis er zum Thron des Kaisers gekommen war. Auch hier war keine Menschenseele anzutreffen, aber da, wo immer der Thron gestanden hatte, befand sich eine Bauerntruhe, sonst nichts. Der Greis ging darauf zu und öffnete die Truhe. Ein Mann lag darin, der sich jetzt erhob und sagte: »Lange habe ich auf dich gewartet. Weißt du, wer ich bin? Ich bin dein Tod und wußte, daß du eines Tages hierher kommen würdest. Endlich bist du angekommen.«

Der altgewordene Prinz wollte davonlaufen und zu seinem Pferd eilen, aber seine Kräfte versagten. Der Tod holte ihn ein, ohne sich anzustrengen, und sagte: »Komm mit in mein Reich. Hast du gedacht, du könntest in das Land der ewigen Jugend zurück? Einmal war es dir vergönnt, dorthin zu kommen, eine zweite Chance wird keinem gegeben. Komm mit, deine Zeit ist abgelaufen.« Und willig ließ sich der Prinz ins Reich des Todes führen.

Vom inneren und vom äußeren Sinn

*W*ir verwenden in unserer Alltagssprache häufig das Wort »Sinn«. Etwas geht »nach meinem Sinn«, mir fällt etwas anderes »aus dem Sinn« (»aus den Augen, aus dem Sinn«), mit einem Menschen sind wir »eines Sinnes«, mein Sinn kann sich auch verdüstern, ich kann »scharfsinnig«, aber auch »schwachsinnig« sein, ein Tun kann sinnvoll, aber auch »ohne Sinn und Verstand« sein. Bei einem Vorhaben frage ich mich, welchen Sinn dieses Tun hat – und letztlich frage ich mich nach dem Sinn meines ganzen Lebens.

Geht man der Herkunft und dem Wortstamm dieses Begriffs (der uns oft so theoretisch vorkommt) nach, dann stellt man mit einiger Überraschung fest, daß »sinnen« nicht etwa »nachsinnen« in unserem heutigen Verständnis bedeutet, sondern »reisen«, es ist eine Ortsbewegung gemeint, eine Bewegung, die zum Ziel gelangen will. Sinn ist also die Reise, die Wanderung, das Unterwegssein. Selbst unser Wort »senden« hängt wohl mit dieser Wurzel zusammen.

Vielleicht kann man sich diesen Zusammenhang so vorstellen: Dadurch, daß wir unterwegs sind, uns in die Welt bewegen, auf andere Menschen zugehen, sie wahrnehmen, von ihnen lernen, geht uns gleichsam ein Licht auf, erhellt sich ein Sinn-Zusammenhang. Wer nur in sich eingesperrt ist und sich nicht überschreitet, bleibt in einer dumpfen Unbewußtheit, er kann keinen Sinn finden.

Damit wir uns in die Welt hineinwagen können, haben wir »Sinne« mitbekommen: Wir können sehen und hören, riechen, tasten und schmecken. Diese Sinnesorgane vermitteln uns die nötigen Informationen, so daß wir die vielen Wahrnehmungen in uns aufnehmen, verstehbar machen und speichern können. Haben wir frische und wache Sinne, dann sind sie empfänglich, wir können aufmerksam durch die Welt gehen, können über bestimmte Phänomene erschrecken, uns für andere begeistern. Sind die Sinne verwirrt und zerrüttet, so werden auch die Eindrücke verworren sein und ein gebrochenes Bild der Wirklichkeit übermitteln.

Auf jeden Fall können wir auch das innere Wesen des Menschen mit »Sinn« bezeichnen, seine geistig-seelische Veranlagung, wie sie sich allmählich herausbildet, seine geistige Ausrichtung. Wie einer »gesinnt« ist, was er für eine »Gesinnung« hat, das zeigt sich in seinem Verhalten gegenüber anderen Menschen. Wir werden seine Handlungsweise »sinnvoll« bezeichnen, wenn sie von einem Ethos getragen ist, eine innere Konsequenz hat und keine Widersprüche zeigt; dagegen werden wir sie als »wider-sinnig« betrachten, wenn sie zerstörerischen Charakter hat und innerlich gespalten ist.

Kein Mensch ist in seiner Entwicklung schon »fertig«, wir bleiben immer auf dem Weg, verändern uns noch und suchen den richtigen nächsten Schritt zu finden. Deshalb brauchen wir auch unser ganzes Leben noch eine sensible Wahrnehmungsfähigkeit und Empfindungskraft, damit die »Sinn-Richtung« unseres Tuns uns in eine positive Zukunft geleitet. Wer »seinem Sinn« folgt, der hat eine Überzeugung, die verläßlich ist. Was er einmal eingesehen hat, was er »begriffen« und »erfahren« hat, das bleibt bestimmend und hilft dabei, auch künftige Entscheidungen sicher zu treffen.

Manchmal muß ich aber auch meinen »Sinn« ändern, weil ich verblendet war, stumpfe und taube Sinne hatte, unaufmerksam geworden bin. Ich hatte »etwas im Sinn«, mir »stand der Sinn« nach etwas, das gar nicht erreichbar war oder sich als verfehltes Ziel herausstellt. Nun muß ich meinen Sinn neu orientieren, muß meinen »Sinn auf etwas richten«, was diese Bemühung verdient. Vielleicht war mein »innerer Sinn« nicht so geschult, so daß ich fragwürdigen Stimmungen anheimfiel. Enttäuschungen können aber auch »den Sinn verdüstern«, so daß sich eine große Müdigkeit durchsetzt und die Sinne sich verschließen: Sie wollen sich nicht mehr öffnen aus Angst, wieder neu in Verstrickungen zu geraten.

Aber wir haben die Kraft mitbekommen, uns immer wieder neu zu »besinnen«: Wir können nachdenken, unsere Gedanken auf etwas richten, die Sachverhalte nüchtern abwägen, um wieder Ordnung in unser Inneres zu bekommen. Wer sich dieser Betrachtung hingibt, wird vielleicht auch den »inneren Sinn« wieder entdecken, der uns hilft, das Ungeklärte zu ordnen, das Abgesunkene zu heben, das Verdrängte wieder zuzulassen.

Allmählich nähern wir uns einem Verständnis von »Sinn«, das vielleicht besonders wichtig ist. Wenn wir reden, dann soll das Gesagte »sinnvoll« sein, es soll einen »Sinngehalt« haben, eine innere Stimmigkeit. Wer »von Sinnen« ist, redet »Unsinn«, dummes Zeug ohne »Sinn und Verstand«. Der »Besonnene« möchte nur das aussprechen, was er wirklich erfahren und als richtig erkannt hat. Den »Sinn seines Lebens« findet ein Mensch, wenn er den verläßlichen Eindruck bekommt, auf dem richtigen Weg zu sein, in einer Bewegung, die nicht in die Irre, sondern zu einem Ziel führt. Die Erlebnisse, die wir machen, können sich zu Erfahrungen verdichten, die Sinneseindrücke und Beobachtungen, die vielen Fragmente dessen, was uns die Sinne zugetragen haben, fügen sich so zusammen, daß sich ein wenigstens konturhaftes Bild des Ganzen ergibt. Der Sinn – in diesem

Verständnis – ist dann ein Ergebnis, die Summe vieler Einzelheiten, die im Laufe eines Lebens zusammengetragen wurden.

Aber wir brauchen einen, der uns die Augen öffnet, der uns auf eine Ebene führt, von der aus wir den größeren Zusammenhang erkennen können. Von uns selbst her, aus eigener Kraft, scheint es nicht möglich zu sein, den »geöffneten Sinn« zu bekommen, das scharfe Ohr und Auge, das durch die Oberfläche dringt und das Ganze erfaßt. Wir sind auf der Suche nach einem Meister, dem wir uns anvertrauen können.

Wenn in den Evangelien so häufig von Blindenheilungen durch Jesus berichtet wird, dann geht es sicher nicht darum, auffällige Mirakel zu erzählen, vielmehr soll Jesus als der Augenöffner vorgestellt werden. Er schließt Augen und Ohren auf, er macht die stumme Zunge beredt, er will den Menschen ohne Perspektive eine Zukunft zeigen, er macht den Resignierten und Verzweifelten den Sinn ihres Daseins deutlich. Doch worin besteht diese Sinn-Erschließung?

Die Menschen werden in einen Dialog hineingenommen: Sie sollen nicht in ihrem Jammertal steckenbleiben, sondern sollen sich angerufen fühlen von einem väterlich-mütterlichen Gegenüber. Und sie werden in Bewegung versetzt. »Mach dich auf!«, so heißt es immer wieder, »steh auf!«, »wach auf!« – Hier kommt etwas von dem ursprünglichen Gehalt des Wortes »Sinn« zum Vorschein. Man muß sich auf die Beine machen, einen Weg suchen, von einem Ziel überzeugt sein, eine Richtung einschlagen, in Bewegung geraten. Hinter dem Ofen wird keiner den Sinn seiner Existenz entdecken; erst der Weg und die Reise läßt uns den »Sinn-Zusammenhang« erkennen. »Brannte nicht unser Herz, als wir mit ihm auf dem Wege waren und er zu uns redete?«, sagen die Emmausjünger. – Wem das Herz brennt, der findet den Sinn!

Vielleicht ist sogar »Herz« eine besonders wichtige Entsprechung zu »Sinn«. Das Herz ist ja die innere Mitte des Menschen, womit er fühlen und empfinden kann. Entscheidungen werden gar nicht in erster Linie mit dem Intellekt getroffen, sondern mit dem Herzen, weil es tiefer schauen und horchen kann als die äußeren Sinne. Wir müssen immer wieder zum Herzen zurückkehren, müssen dort einkehren, uns auf die »Herztöne« besinnen, damit unser Handeln »herzhaft« wird und Kopf, Herz und Hand eine glückhafte Übereinkunft erreichen.

»Beherzt« ist ja ein Mensch, der den Mut hat, sich auf sein Herz zu berufen und dem Spruch seines Herzens zu folgen. Aber es mag sein, daß das Herz zunächst einmal geläutert werden muß, damit es diese Hilfestellung leisten kann. So wie unsere Sinnesorgane trüb werden können und uns keine verläßlichen Nachrichten mehr übermitteln, so kann auch das Herz müde werden und abstumpfen. Dann muß ich das bequem gewordene und träge Herz erst wieder aufwecken und seine tiefsten Schichten erreichen, um herauszufinden, ob es noch fühlen und wahrnehmen kann, ob es mir noch beisteht, die richtigen Entschlüsse zu treffen.

Es gibt mir zu denken, daß Dietrich Bonhoeffer in seinen Gefängnisbriefen einmal auf die Frage nach dem »Sinn« zu sprechen kommt und schreibt: »Der unbiblische Begriff des ›Sinnes‹ ist ja nur eine Übersetzung dessen, was die Bibel ›Verheißung‹ nennt.« Auch hier könnte man wieder sagen, daß wir nicht bei einem abstrakten Sinnbegriff stehen bleiben sollen. Wer eine Verheißung bekommt, bekommt eine hoffnungshafte Zusage, er wird auf eine Reise geschickt, die zum Ziel führen soll. Insofern hat Bonhoeffer mit feinem Gespür das eigentliche Geheimnis des »Sinnes« erfaßt. – Und damit kann man leben.

Der Umweg zum Glück

MAZEDONISCHES MÄRCHEN

In einem kleinen Städtchen wohnte ein armer Mann, der zwar ständig seinem Glück nachjagte, es aber nie erreichte. Unterhielt er sich mit anderen Bürgern, so kam er meist bald auf sein mangelndes Glück zu sprechen und sagte dann häufig: »Es bleibt mir nichts anderes übrig als arm zu sein, mein Glück tut nichts für mich, es muß ein rechter Faulpelz sein.« Darüber ärgerte sich sein Glück und dachte über den Mann: »Du stehst Dir und mir selbst im Weg.« Eines Nachts erschien das Glück dem Mann und sprach ihn an: »Hör mal zu, warum machst du mich vor allen Menschen schlecht? Du sagst, ich soll für dich arbeiten und dich reich machen, aber du selbst tust nichts dazu. Paß mal auf: Geh in die Nachbarstadt, dort werd ich für dich in einer faulen Kirsche arbeiten. Wenn du es gescheit anpackst, wirst du doch noch reich werden.«

Der Arme wachte am nächsten Morgen auf, wunderte sich über den Traum und dachte darüber nach, was er wohl bedeuten könne. Weil alles noch so klar in seinen Ohren klang, packte er tatsächlich sein Bündel und ging in die benachbarte Stadt, um nachzuschauen, ob sein Glück tatsächlich in einer faulen Kirsche für ihn arbeiten werde. In der Stadt angekommen, lief er durch alle Straßen, guckte in alle Geschäfte, aber sein Glück fand er auch hier nicht. Als es schon Abend wurde und er sich müde gelaufen hatte, kam er an einem Kaufmannsladen vorbei. Vor der Ladentür lag eine heruntergefallene Kirsche. Er bückte sich schnell und hob sie auf. Der Kaufmann hatte es gesehen und rief ihm zu: »He, bleib stehen, was hast du da gerade aufgehoben?« »Ach, nichts«, sagte der Mann und wollte weitergehen.

»Wieso nichts? Du solltest dich schämen, das nicht zurückzugeben, was du gefunden hast.«

Der Mann schämte sich wirklich, aber nur deshalb, weil er sich gar nicht nach einem Wert gebückt hatte. Er öffnete seine Hand und sagte: »Schau, eine weggeworfene Kirsche habe ich aufgehoben. Glaubst du vielleicht, ich hätte eine Goldmünze auf der Straße gefunden?«

Nun beruhigte sich der Kaufmann, und um seinen Übereifer wieder gutzumachen, lud er den Mann zu einer Tasse Tee in seine Stube ein und fragte ihn, was er denn in der Stadt treibe, woher er komme und welchen Beruf er habe.

Zunächst wollte unser Mann ja nicht mit seiner Geschichte herausrücken, allmählich aber faßte er Mut und erzählte dem Kaufmann von seinen Mißgeschicken, seinem mangelnden Glück und wie er sein Glück gescholten habe vor den Menschen. Zuletzt erzählte er ihm auch von dem seltsamen Traum, der ihn hierher in diese Stadt geschickt habe.

Der Kaufmann schüttelte immer heftiger den Kopf und sagte schließlich: »Du bist ein rechter Narr, daß du dich von einem Traum hast verleiten lassen, eine Reise in eine andere Stadt zu unternehmen. Müde hast du dich gelaufen – und was hast du gefunden: eine faule Kirsche und sonst nichts. Ich habe manchmal auch einen Traum, aber keine zehn Pferde würden es fertig bringen, mich dorthin zu bewegen, wo ich meinem Traumbild gemäß hingehen soll. Stell dir nur vor, ich soll in deine Stadt gehen, zu einem Haus, das an einem Brunnen mit drei Rohren steht. Zur Herdstelle des Hauses soll ich gehen und darunter graben, bis ich einen großen Schatz finde. Aber das ist alles Narretei und purer Unsinn. Ich bleib lieber hier und du solltest auch wieder nach Hause gehen und nicht dein Glück bei faulen Kirschen suchen.«

Unser Mann aber kam aus der Verwunderung und dem Staunen gar nicht mehr heraus. Er wohnte nämlich in einem Haus, das genau neben einem Brunnen mit drei Rohren stand. – Er bedankte sich bei dem Kaufmann für die Bewirtung und die guten Ratschläge und machte sich auf den Heimweg. – Zu Hause angekommen, nahm er sich eine Hacke und grub seine Herdstelle gründlich um. Plötzlich stieß er auf etwas Hartes, und als er es herausgeholt hatte, da war es ein großer Topf, voll mit den herrlichsten Goldmünzen.

Wie dankbar ist er seinem Glück gewesen. Nie mehr hat er es einen Faulpelz genannt. Aber auch dem Kaufmann in der fremden Stadt war er dankbar, der ihm – ohne es zu wissen – mit seinem Gegentraum erst zu seinem Glück verholfen hatte. So hat also tatsächlich das Glück in der faulen Kirsche gelegen.

Vom Geschenk des Sich-Findens

Alles Geschaffene ist auf Begegnung hin geschaffen worden.
Was für eine herrliche Spannung ist in der Welt:
Nichts ist nur für sich da, alles wartet auf den anderen,
braucht Ergänzung, damit sich »das Ganze« zeige.
Da ist eine Suchbewegung überall zu entdecken,
alles neigt sich zueinander, sehnt sich nach der Entsprechung.

Wo kann man diese Offenheit herrlicher erkennen
als beim Menschen, der erst wahrhaft zu sich kommt,
wenn er seinen Partner findet, seinen Kontrapunkt.
Eine Unruhe ist uns eingeschaffen,
damit wir nicht in den engen Mauern des eigenen Ichs bleiben,
sondern auf die Suche gehen nach dem unbekannten Du.
Es muß doch jemanden geben, der uns wahrhaft ergänzt,
der dafür sorgt, daß wir nicht in der Halbheit steckenbleiben.

Gibt es Beglückungen, die vergleichbar sind
mit den Wonnen der Liebe?
Was wären die Augen wert, könnten sie nicht ins Herz schauen.
Wozu hätten wir Ohren bekommen,
wenn wir nicht die geheimen Anrufe damit vernehmen könnten.
Haben wir nicht eine sensible Haut geschenkt bekommen,
die mehr wahrnehmen kann als Auge und Ohr zusammen?
Die Zunge kann nicht nur Worte formulieren,
sie darf sich manchmal einfach im Kuß verströmen.
Eine streichelnde Hand hat mehr Kraft als jede geballte Faust.
Unsere Stärke liegt in unserer Zufriedenheit.
Wie behutsam hat Gott uns auf die Begegnung hin geschaffen.
Das Geschenk des Liebenkönnens,

ist es nicht das Herzstück unseres Wesens?
in dieser Befähigung will der mütterlich-väterliche Gott
in uns gegenwärtig sein.

Anmerkungen und Hinweise

Einführung

1   *C.G. Jung*, Gesammelte Werke, 6. Band (Psychologische Typen), Olten 1986, 53f.

2   *Carl Friedrich von Weizsäcker*, Informationen und Imagination, in: *Hans Egon Holthusen* (Hg.), Information und Imagination, München 1973, 29.

3   A.a.O.

4   *C.G. Jung*, Psychologische Typen, 236.

5   *C.G. Jung*, Gesammelte Werke, 16. Band (Die Probleme der modernen Psychotherapie), Olten 1958, 60.

6   Vgl. dazu: *C.G. Jung*, Psychologie und Religion, in: Grundwerk Band 4, Olten 1987², 60.

7   *C.G. Jung*, Die transzendente Funktion, in: Gesammelte Werke 8. Band, Olten, 1967, 84.

8   *Alfons Rosenberg*, Bild und Mysterium. Religiöse Erfahrung durch das Bild, in: *Otto Betz* (Hg.), Zugänge zur religiösen Erfahrung, Düsseldorf, 31f.

9   *Willi Graf*, Briefe und Aufzeichnungen, hg. von *Anneliese Knoop-Graf*, Frankfurt/Main 1988, 184.

10   *Karl Rahner*, Priester und Dichter, in: Vom Glauben inmitten der Welt, Freiburg 1961, 84.

Bei der Erarbeitung dieses Buches sind natürlich viele Werke der verschiedensten Art herangezogen worden. Auf einige sei hier im voraus hingewiesen. Zu den verschiedenen Kapiteln werden noch weitere Titel genannt.

Hans Biedermann, Knaurs Lexikon der Symbole, München 1989

J.C. Cooper, Illustriertes Lexikon der traditionellen Symbole, Wiesbaden 1986

Manfred Lurker, Die Botschaft der Symbole, München 1990

Manfred Lurker, Wörterbuch biblischer Bilder und Symbole, München ³1987

Manfred Lurker, Wörterbuch der Symbolik, Stuttgart ³1985

Gerhold Becker, Die Ursymbole in den Religionen, Graz 1987

Carl Gustav Jung (Hg.), Der Mensch und seine Symbole, Olten ¹²1980

Ingrid Riedel, Formen, Stuttgart ²1986

Hermann Kirchhoff (Hg.), Ursymbole und ihre Bedeutung für die religiöse Erziehung, München ⁴1991

Hermann Kirchhoff, Urbilder des Glaubens. Labyrinth – Höhle – Haus – Garten, München 1988

Der Weg

Günter Lanczkowski, Die heilige Reise, Freiburg 1982

Udo Tworuschka, Sucher, Pilger, Himmelsstürmer, Stuttgart 1991

Alfons Rosenberg, Jesus der Mensch. Ein Fragment, München 1986, 94

Die Brücke und der Übergang

Joachim Jeremias, Unbekannte Jesusworte, Gütersloh [2]1983, 105

Simone Weil, Schwerkraft und Gnade, München 1952. 247

Der Kreis und das Runde

Manfred Lurker, Der Kreis als Symbol, Tübingen 1981

Das Kreuz

Alfons Rosenberg, Kreuzmeditation, München 1976

Alfons Rosenberg, Christliche Bildmeditation, München 1975

Paul Schwarzenau, Das Kreuz, Stuttgart 1990

Werner Bergengruen, Membra vestra templum sunt Dei vivi, in: Figur und Schatten. Gedichte, Zürich 1958, 90

Cherub

Gershom Scholem, Die jüdische Mystik, Frankfurt 1967

Quelle und Lebensbrunnen

Rainer Maria Rilke, Briefe an Gräfin Sizzo, Frankfurt M. 1985

Der Garten

Wolfgang Teichert, Gärten, paradiesische Kulturen, Stuttgart 1986

Hans Bender (Hg.), Das Insel-Buch der Gärten, Frankfurt M. 1985

Harald Seuter (Hg.), Der Traum vom Paradies, Wien 1983

Guillaume de Lorris, Der Rosenroman, Berlin 1956

Dieter Hennebo, Gärten des Mittelalters, München 1986

Lebensgarten

Nizami, Die sieben Geschichten der sieben Prinzessinnen, Zürich 1959

Die Burg und das Schloß

Teresa von Avila, Die innere Burg, Zürich 1979

Das Märchen vom Einfältigen

Freie Nacherzählung eines bretonischen Märchens. Vgl. dazu Peronnik, der Einfältige, in: Bretonische Märchen, hrsg. von Ré Soupault, Düsseldorf 1959, 21-38

Gang ins Labyrinth

Hermann Kern, Labyrinthe, München [2]1983
Janet Bord, Irrgärten und Labyrinthe, Köln 1976
Karl Kerényi, Labyrinthstudien, in: Humanistische Seelenforschung, Wiesbaden 1978

Unke Zarentochter

Freie Nacherzählung des russischen Märchens »Zarewna Unke«, vgl. *Afanasjew*, Russische Volksmärchen, München 1985

Das Mandala

Heinrich Zimmer, Kunstform und Yoga im indischen Kultbild, Frankfurt M. 1987
Carl Gustav Jung, Über Mandalasymbolik, in: Gesammelte Werke Band 9/I, Olten [2]1976, 373-414

Die Spirale

Jill Purce, Die Spirale. Symbol der Seelenreise, München 1988

Der Edelstein

Hildegard von Bingen, Naturkunde, Salzburg [3]1980

Die Sterne am Himmel

Alfons Rosenberg, Zeichen am Himmel. Das Weltbild der Astrologie, München [2]1984

Der Windhauch und der Atem

Hans Scholl/Sophie Scholl, Briefe und Aufzeichnungen, Frankfurt M. 1984, 214

Jenseits

Rainer Maria Rilke, Erlebnis, in: Ausgewählte Werke, Zweiter Band, Wiesbaden 1948, 264-67

Zwischen Zeit und Ewigkeit

Augustinus, Confessiones (übersetzt von Joseph Bernhart), München o.J.
Arno Borst, Computus. Zeit und Zahl in der Geschichte Europas, Berlin 1990
Simone Weil, Aufmerksamkeit für das Alltägliche, München 1987, 105

Vom inneren und vom äußeren Sinn

Dietrich Bonhoeffer, Widerstand und Ergebung, München 1951, 196

Der Umweg zum Glück

Freie Nacherzählung eines mazedonischen Märchens, vgl. »Der Mann mit dem Glück in der faulen Kirsche«, in: Mazedonische Volksmärchen, Düsseldorf 1972, 197-201

Die Reise nach dem Land der ewigen Jugend

Freie Nacherzählung eines rumänischen Märchens, vgl. *Petre Ispirescu*, Jugend ohne Alter und Leben ohne Tod, in: Der Zauberkater, Bukarest 1982

Die Farbtafeln

Otto Betz bei Kösel

Simone Weil
Aufmerksamkeit für das Alltägliche
Ausgewählte Texte zu Fragen der Zeit.
*Herausgegeben und erläutert
von Otto Betz.*
156 Seiten. Gebunden

Simone Weil war ihrer Zeit voraus: Unbeirrt hat sie einem Christentum der Zukunft die Bahn bereitet, in dem Raum ist für all das, was in der Schöpfung Gottes angelegt ist.

Vom Schicksal, das sich wendet
Märchen von Freiheit und Glück
*Zahlreiche Illustrationen
von Regine Elsner.
Herausgegeben von Otto Betz.
116 Seiten. Gebunden*

Otto Betz erzählt meisterlich zehn uralte Märchen neu, die vom Ringen des Menschen um sein Schicksal und seine Freiheit handeln – von seiner Sehnsucht nach dem Glück.

Samuel Lewin
Chassidische Legende
*Mit einem Essay von Otto Betz
7 Holzschnitte von Josef Budko.
Aus d. Jidd. von Arno Nadel.
110 Seiten. Gebunden*

Diese ungemein packende, tiefreligiöse Geschichte erzählt einen der spannendsten Momente der neueren jüdischen Geschichte: Geheimnisvolle Andeutungen und Ereignisse weisen darauf hin, daß das Kommen des Messias unmittelbar bevorsteht.

Alfons Rosenberg
Experiment Christentum
*Neu durchgesehen von Felicitas Betz.
Nachwort von Otto Betz.
200 Seiten. Kartoniert*

Rosenberg, der das Christentum der Zukunft als eine entscheidende Chance zur Erneuerung unserer Welt skizziert, vermittelt auf unkonventionelle Weise neue Impulse für Christen und zeigt auf, wie das Christentum aus seiner wachsenden Isolation herausgeführt werden kann.

Bilder und Symbole

Manfred Lurker

Die Botschaft der Symbole

In Mythen, Kulturen und Religionen
*Großformat. Zahlreiche Abbildungen.
2. Auflage. 344 Seiten. Gebunden*

Ein reich bebilderter Begleiter in eine faszinierende Welt, ein kostbares Sachbuch zum Lernen, Schauen, Erleben und Wiederentdecken der verschlüsselten Botschaften der Symbole.

Katharina Winnekes (Hrsg.)

Christus in der bildenden Kunst

Von den Anfängen bis zur Gegenwart
Eine Einführung
*Großformat. Über 50 meist farbige
Abbildungen. 152 Seiten. Gebunden*

Dieses Buch führt fundiert in die künstlerische Entwicklung des Christusbildes ein. Es enthält einen Überblick von den Anfängen des Christentums bis zur Kunst des 20. Jahrhunderts.

Alex Stock

Gesicht – bekannt und fremd

Neue Wege zu Christus durch Bilder
des 19. und 20. Jahrhunderts
*Großformat. Zahlreiche z. T. farbige
Abbildungen. 160 Seiten. Gebunden*

Mit Kunstwerken Wahrheit entdecken: Dieser wertvolle Band eröffnet über genaue Betrachtungen von Bildern des 19. und 20. Jahrhunderts verblüffende Zugänge zur Gestalt Christi.

Helene Hoerni-Jung

Maria – Bild des Weiblichen

Ikonen der Gottesgebärerin
*Großformat. 18 Ganzseitige
Farbtafeln. 192 Seiten. Gebunden*

Marien-Ikonen werden zu Orten der Begegnung von individuellem Schauen, spiritueller Botschaft und tiefenpsychologischer Erkenntnis. Ein fundiertes und schön gestaltetes Buch von Helene Hoerni-Jung, der Tochter C. G. Jungs.